透視神祕種族

馬雅文化

MAYA CIVILIZATION

國家圖書館出版品預行編目資料

　　透視神秘種族：馬雅文化 / 闕淑萍編著.
-- 初版. -- 新北市：智學堂文化，民105.11
　　面；　公分. -- (神祕檔案；17)
　　ISBN 978-986-5819-91-0(平裝)
　　1.馬雅文化 2.中美洲
754.3　　　　　　　　　　　　105017413

智學堂

智慧是學習的殿堂

神秘檔案系列：17

透視神祕種族：馬雅文化

編　　著 ─ 闕淑萍
出 版 者 ─ 智學堂文化事業有限公司
執行編輯 ─ 林秀如
美術編輯 ─ 姚恩涵
地　　址 ─ 22103　新北市汐止區大同路3段194號9樓之1
　　　　　　TEL　（02）8647-3663
　　　　　　FAX　（02）8647-3660

總 經 銷 ─ 永續圖書有限公司
劃撥帳號 ─ 18669219
出 版 日 ─ 2016年11月

法律顧問 ─ 方圓法律事務所　涂成樞律師
cvs 代理 ─ 美璟文化有限公司
　　　　　　TEL　（02）27239968
　　　　　　FAX　（02）27239668

Chapter 1
神幻般的馬雅

01 馬雅人，難道是從天而降？ …………… 11

02 群居與農耕 …………………………… 15

03 告別舊家園，遷居墨西哥 …………… 20

04 聚落城邦，區域國家與超級大國 …… 24

05 突然到訪的客人 ……………………… 29

06 昨日日不落，今日炮成灰 …………… 34

07 玉米，我們的神靈！ ………………… 40

08 西班牙人在馬雅「焚書坑儒」 ……… 45

09 克沙爾鳥為何會飛到國旗上？ ……… 50

Chapter 2
馬雅的建築與藝術

01 不同歷史階段，不同建築風格 ……… 57

02 馬雅萬千城，城城各不同 …………… 61

03 為什麼每根石柱相隔 20 年？ ……… 65

04 建築技術與建築材料 ………………… 69

05 博南帕克壁畫，馬雅生活的縮影 …… 72

06 金字塔難道不是埃及特產？ ………… 78

07 可圈可點的馬雅建築群 ……………… 84

08 驚人的相似度，是巧合，還是宿命？ …… 89

09 要瞭解馬雅文化，必須參觀這些遺跡 …… 94

Chapter 3
馬雅**生活**面面**觀**

01 馬雅人的相貌和圖騰 ················· 101

02 馬雅文化圈的範圍 ················· 105

03 馬雅人的男尊女卑 ················· 110

04 犯罪與懲處的歷史演變 ················· 115

05 獨具特色的住宅風格 ················· 120

06 馬雅人的餐桌上有什麼？ ················· 125

07 馬雅人的養生絕學 ················· 130

08 娛樂活動與喪葬習俗 ················· 134

09 馬雅戰爭實錄 ················· 138

10 環境變遷，將馬雅人送入墳墓 ··············· 143

Chapter 4
破解馬雅**文字**

01 馬雅文字的先驅者 ················· 155

02 象形文字的發展 ················· 160

03 象形文字的構成 ················· 165

04 象形文字梯道 ················· 168

05 馬雅文化的苦難 ················· 171

06 文字竟是奢侈品 ················· 176

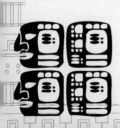

Chapter 5
馬雅的眾神世界

01 遭到文化滅絕之前的宗教景觀 ·············· 185

02 迷信的馬雅人 ····························· 191

03 劫後餘生的馬雅手稿 ····················· 199

04 馬雅人眼中的宇宙 ······················· 204

05 馬雅人最喜愛的神祇是誰？ ··············· 208

06 靈魂歸處與來世學說 ····················· 214

07 一千個馬雅人，就有一千個偶像 ·········· 219

08 與神靈之間的「利益交換」 ··············· 223

09 國王難道是上天委派的使者？ ············· 229

10 馬雅解夢，堪比周公 ····················· 233

前言

　　馬雅文明因中美洲印第安馬雅人而得名，是他們在與亞、非、歐古代文明隔絕的條件下，獨立創造的偉大文明。它在科學、農業、文化、藝術等諸多方面，都有極為重要的貢獻。西半球這塊廣闊無垠的大地上誕生的另外兩大文明——阿茲提克文明和印加文明，與馬雅文明都無法相提並論。但是，讓世人百思不得其解的是，作為世上唯一一個誕生於熱帶叢林而不是大河流域的古代文明，馬雅文明奇蹟般地崛起和發展，其衰亡和消失也充滿了神祕色彩。

　　8世紀左右，馬雅人放棄了高度發展的根據地，大舉遷移。他們創建的每個中心城市都中止了新的建築，

城市被完全放棄，繁華的大城市變得荒蕪，任由叢林將其吞沒。馬雅文明一夜之間消失於美洲的熱帶叢林中。到 11 世紀後期，馬雅文明雖然有部分復興，然而，輝煌早已不比往昔。隨著資本主義海外擴張的血腥行動展開，馬雅文明最後被西班牙殖民者徹底摧毀，此後便長期湮沒在熱帶叢林中。

18 世紀 30 年代，美國人約翰‧斯蒂芬斯在宏都拉斯的叢林中首次發現了馬雅古文明遺址。從此以後，世界各國的考古學家在中美洲的叢林和荒原上又發現了多處被遺棄的古代馬雅城市遺跡。

馬雅人在既沒有金屬工具又沒有運輸工具的情況下，僅憑藉新石器時代的原始生產工具，便創造出了燦

爛而輝煌的文明。

　　馬雅人在物質文化、精神文化領域裡的偉大成就，尤其是勝過古埃及、古巴比倫的天文學成就，相較於他們刀耕火種的農業生產水準、新石器特徵的工具水準，確實如他們留下的那些石城一樣，恢宏而且精美！

　　馬雅文化也有著豐富的史學和文學成就。馬雅人用象形文字創作了成千上萬種書籍和石刻。雖然只有八百多個字，卻記錄了幾千年前發生過的大小歷史。他們有自己的文字、自己的著作，利用象形文字排列組合出上萬個詞彙，譜寫他們特有的生活旋律。

　　直到今天，我們對中美洲這個悠久燦爛的馬雅文明的瞭解還依然極爲有限。儘管專家們已經把數萬座金字

MAYA CIVILIZATION

塔記錄在案，並發現了一百多個城市遺址，但是，對於這地形複雜、叢林幽深的幾十萬平方公里廣袤土地的文化空間容量來說，可能僅僅是淺井初嘗。即使在最深入研究過的地點，人們的眼光也過分專注於那些最宏大最吸引人的所在。考古發掘專家和文化學者還有相當長的一段路要走。

在最終破譯馬雅之謎之前，它的浪漫與神奇還將陪伴著我們。甚至可以說，等到真正揭開它神祕的面紗之時，馬雅文化可能向人們展示更加耀眼奪目、驚心動魄的人類智慧光芒，將馬雅人從神話傳說的主角，還原為新世界上現實地存在過的一個民族。

Chapter 1

神幻般的**馬雅**

馬雅，古老而又神祕。

它似乎是從天而降，在公元 3 世紀到 9 世紀達到了鼎盛，之後又戛然而止。

我們無從知曉公元 9 世紀這 100 年間到底發生了什麼，只看到馬雅人修建的各種浩大工程：金字塔、宮殿和神廟都突然停止施工。他們一夜間的消失，留給人們一個永遠也解不開的謎。

01 馬雅人，難道是從天而降？

　　許多人都聽說過「馬雅」這個文明的傳說，大部分人對於馬雅人的第一反應都和美洲雨林有關。的確，馬雅人居住的地點就在今日的中美洲，神祕的遺跡也在幽靜的叢林裡。他們留下來的巨大石造遺跡與高超的藝術作品，從今日的技術看來都讓人歎為觀止，望塵莫及。

　　馬雅人，中美洲地區墨西哥印第安人的一支，屬亞洲蒙古人種美洲支。使用屬印第安語系馬雅——基切語族的馬雅語。馬雅文明是中美洲印第安人在與舊大陸文

11

明相隔絕的條件下獨立創造出來的偉大文明，它生於斯長於斯，與世相隔，奇特無雙。與新大陸的另兩大文明——阿茲特克文明、印加文明——構成了新的中南美印第安文明區。

馬雅文明發展的地域主要在今日的中美洲地區，東抵宏都拉斯高原，西至特萬特佩克地峽（Isthmus of Tehuantepec），北達墨西哥灣和加勒比海，南臨太平洋沿岸。馬雅人在 5000 年前就出現在中美洲墨西哥和瓜地馬拉的太平洋海岸，在美洲遠古的石器時代就開始了他們的生產活動，所以和世界上的其他人類一樣，他們的古代史正常地經歷了由採集、漁獵向農耕過渡的發展階段。

馬雅文明在物質文化、科學藝術等方面有很大成就。例如：建築工程達到世界最高水準，能對堅固的石料進行雕鏤加工；透過長期觀測天象，已經掌握日食週期和日、月、金星的運動規律；雕刻、彩陶、壁畫都有很高藝術價值。

馬雅文明約形成於公元前 2500 年，公元前 400 年左右建立早期奴隸制國家，公元 3 至 9 世紀為繁盛期。

　　但讓人不解的是，公元 830 年，科潘城（Copan，位於今宏都拉斯）浩大的工程突然停工。公元 835 年，帕倫克（Palenque，今墨西哥的恰帕斯）的金字塔神廟也停止施工。公元 889 年，蒂卡爾（Tikal，今瓜地馬拉的佩登省）正在建設中的寺廟群工程中斷了。

　　公元 909 年，馬雅人也放下了最後一個城堡已修築過半的石柱，散居在叢林中的馬雅人都拋棄了原來南邊的家園，集體向北遷移。過了一段時期，馬雅文化就徹底消失了。

　　也正因此，馬雅文明成了世界文明史上的一個未解之謎，有太多的傳說圍繞著這個突然消失的熱帶雨林中的神祕部落：他們的祖先從何而來，消失後的他們又去往何處；他們沒有鐵器、沒有車輪，是如何搬運巨大的石塊建造出宏偉的金字塔；他們的數學、天文學雖然發達，但是他們沒有現代化的電腦，如何精準推算出行星運行的週期，這些現在的我們只得依靠電腦才能完成的工作，進而創造出自己的曆法；又是如何在一夜之間使整個民族突然消失，任世人找尋不到他們的一絲蹤跡。他們為什麼消失？他們去了哪裡？是什麼力量使得整個

13

民族在一夜之間不見了蹤影，是外來侵略，連年的饑荒，可怕的瘟疫，還是其他災難性事件？

　　有人說馬雅人是來到地球的外星人後代，他們隨自己的外星祖先去了一個神祕遙遠的星球，有人說馬雅人預見了災難的到來，並且知道那是不可能逃脫的滅頂之災，絕望的馬雅人跳進了無邊的大海，有人說馬雅人的消失使得世界文明倒退了幾十年，更有神祕的馬雅水晶頭骨圖片在四處流傳。無論這中間有多少是真、有多少是假，至少馬雅文明跟世界上所有的古文明一樣，都是一筆寶貴的財富。如今人們再次深入美洲那片神祕的雨林中，去尋找馬雅那失落的文明，希望能揭開它那神祕而又多彩的面紗，為一個又一個謎尋找答案。

02 群居與農耕

　　與其他四大文明不同，馬雅文明不是產生在大河流域，而是崛起在貧瘠的火山高地和茂密的熱帶雨林之中。在廣袤的美洲熱帶雨林中，危機四伏。想要以個人為單位生存下去根本不可能。聰明的馬雅人依靠集體的力量，與自然抗爭，過著群居的生活。他們以集體為單位，一同

找尋食物，抵禦外來的一切危險。他們彼此間相互關照，相互協助，在神的指引下找尋更適於他們生存的環境。

依據我們現在對於馬雅文化的研究，對馬雅文明比較公認的歷史分期是：從公元前1500年到公元317年為馬雅文明發展的前古典時期，從公元317到889年為古典時期，從公元889到1697年為後古典時期。所以也有人把它叫做早期階段、中期階段和晚期階段。也就是說在馬雅文化的前古典時期，即公元前1500年到公元317年，馬雅人進入了定點群居時期，並從採集、漁獵進入到農耕時期。農業和定點群居使得馬雅人的生活有了更好的保障，為馬雅文明的孕育提供了最基本的物質條件，馬雅文明從此拉開了序幕。

馬雅人找尋到了適於他們生存的環境，建立起自己的村落，並長久定居，開始了農耕生活。馬雅人採用一種極原始的「米爾帕」耕作法：他們先把樹木統統砍光，經過一段時間乾燥，在雨季到來之前放火焚燬，以草木灰作肥料，覆蓋貧瘠的雨林土壤。燒一次種一次，其後要休耕1至3年，有的地方甚至要長達6年，待草木長得比較茂盛之後再燒再種。正是在這種原始的刀耕火種

的農業條件下，他們發展了以玉米、豆類和南瓜的栽培為基礎的原始農業，培育出對人類有重大貢獻的糧食新品種，如玉米、番茄、南瓜、豆子、甘薯、辣椒、可可、香蘭草和菸草等，其中玉米的培植對人類貢獻最大。

　　玉米的祖先本是美洲的一種野生植物，經過馬雅人的精心培育，把它變成了高收穫量的糧食。玉米的品種多、營養價值高、產量大，不僅是美洲印第安文化的物質基礎，歐洲人到達美洲後將玉米傳播到全世界，成了世界上許多地方的主要食糧，幫助世界上許多地方的人民度過了無數次的災荒，對人類的延續和發展有不可磨滅的貢獻。

　　群居的生活方式使他們的生命安全有了很大的保障，發達的農業使他們免於飢餓的困擾。他們以玉米為主要的種植作物，而玉米的生長週期最短只要 3 個月，也就是說馬雅人一年之中其餘的 9 個月都可以從事非農業生產的其他工作，他們用 3 個月的時間積累起一年的食物。此時的他們創造出許多類似埃及燦爛古蹟的紀念碑和儀式中心。這些建築物的規模之所以令人驚奇，是因為他們的宗教信仰相當純樸簡單。當時的建築水準儘

管不是很高，但與同時代的其他民族相比，還是領先的。

　　馬雅文化發展到這個階段的主要特點是，在城市廣場上建立了許多大型的石碑，石碑上雕刻有歷朝歷代的統治者形象。因為在公元一、二世紀時出現了象形文字，所以石碑上就有了記述統治者歷史的文字。此外，城市裡還出現了大型石料建築（如金字塔和城市的城郭）。大型石鋪廣場和堤道反映了這時候的建築已有了一定的規模和水準。作為馬雅文化標誌的石碑的產生，完全得益於馬雅人群居和農耕的生活生產方式。群居和農耕，為馬雅人在那個沒有任何機械器械的時代裡雕刻出巨大的石碑提供了物質基礎。

　　在這個時期，馬雅文明發展的中心主要集中在瓜地馬拉一帶的蒂卡爾、墨西哥的帕倫克、博南帕克（Bonanpake）和科潘等地。這時的文化特徵主要反映在建築、雕刻和繪畫上。博南帕克壁畫是世界有名的藝術寶庫。文化遺跡的集中說明馬雅人開始了群居的生活，並且有了自己的固定生存地；令人驚歎的建築，壁畫說明他們不再為食物終日勞作。

　　如同猿人的直立行走、將手解放出來使得他們可以

做更多事的意義一樣，馬雅人的群居與農耕生活，將他
們從抵禦猛獸的侵襲和終日不停地找尋食物中解脫出來。
他們的生命安全有了更大的保障，他們的食物也更充足
和穩定，營養豐富的食物使他們的大腦變得更加發達。
奴隸在非農耕的季節裡從事其他的生產勞動，上層社會
的腦力工作者，也有了更加充裕的時間和智慧來發明創
造他們的文化。農耕與群居生活的開始爲馬雅文化的發
展提供了物質保障，奠定了他們精神文明發展的堅定基
礎，所以我們說它是馬雅文化另一種意義上的母親。

03 告別舊家園，遷居墨西哥

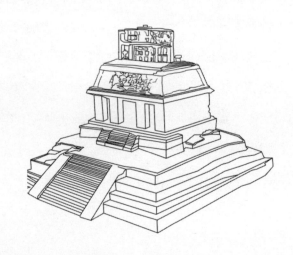

　　馬雅人的生活離不開宗教和神靈。善良的馬雅人信奉他們心中的神靈，遵照神靈的指示，在美洲這片土地上耕種作物，修建宮殿和廟宇。

　　世界古代四大文明都在大河流域孕育滋長：中國有黃河和長江，埃及有尼羅河，印度有恆河與印度河，巴比倫有幼發拉底河和底格里斯河；而馬雅文明卻非起源於大河平原，而是崛起在貧瘠的火山高地和茂密的熱帶雨林之中。上天對馬雅人是如此苛刻，爲了生存，他們

要不懈地與瘋長的熱帶叢林爭奪土地和空間，還要承受外族的侵略。

戰爭一步步地向沒有一點準備的馬雅人走來。當外族的弓箭長矛對準他們的頭顱，當無情的殺戮者奪走親人的生命，他們拿起了手中的石斧，奮起反抗。戰爭結束了，可是數代人百多年來的心血也結束了。戰爭使得馬雅的人口銳減，因為在戰爭中死去的都是主要的勞動力和青壯年，而他們賴以生存的玉米在同一塊土地上卻只能耕種 2 年，在第 3 年的時候就要開墾新的土地。

這時的他們發現自己無力再在原來的家園開墾新土地，家園的周邊都被侵略者無情地破壞了。從此位於中美洲的馬雅古典文明中心因而開始衰落。祭司問尋了神的旨意，馬雅人揮淚告別了祖輩們賴以生存的土地，告別了千瘡百孔的宮殿和廟宇，告別了南美洲大陸。他們相信的神決策，神會為他們指明方向並賜予他們新的生活。

在遷居的一路上他們經歷了太多的苦難，溫熱的美洲熱帶雨林中到處都潛伏著危險，隨時都有猛獸會襲擊苦難的馬雅人。遷居的人中大多都是老弱婦孺，少量倖

21

存的青壯年在沒有鐵製工具的情況下，全靠手中石斧對抗這些兇猛的野獸；不知名的小昆蟲可能帶有劇毒，一個不小心就會要了任何人的命；沒有了固定居所，當暴雨來臨的時候，他們只能躲在葉子下祈求上天早點結束對他們的懲罰；當食物缺少的時候，一部分人得去尋找食物，一部分人又要留下來保護弱者，可能，有些人離開了就再也沒有回來。他們默默地承受著這些，因為他們相信神會賜予幸福，現在這些只是上天對他們的考驗。

終於，經歷了重重的艱難困苦，他們來到了墨西哥的猶加敦半島，在那裡開始新的生活，自此馬雅文明進入古典文明時期。馬雅人在美洲建立的「舊國家」就這樣成為過去，他們在墨西哥的土地上建立起了自己的「新城邦」。

馬雅的古典文明代表城市有奇琴伊察（Chichen Itza）、烏斯馬爾（Uxmal）和馬雅潘（Mayapan）三大中心。後來實力強盛的托爾特克人（Toltec）後裔，從墨西哥侵入猶加敦半島，影響了奇琴伊察。

馬雅文化與托爾特克文化完美地融合並發展到一個全新的高度，使已經衰落的馬雅文化重新繁榮起來，馬

雅歷史進入了第二個發展時期。古典文明的文化特徵是，除了繼承南部馬雅文明的文化遺產外，建立了許多比以前更大和更雄偉的神廟和大型金字塔，此外，天文和曆法也得到了長足的發展。

　　現在，於墨西哥的猶加敦半島上，依然聳立著許多氣度非凡的金字塔，它們是馬雅人留下的作品。其規模之宏偉，構造之精巧，乃至於情景之神祕，完全可以與埃及金字塔媲美。

　　他們沒有金屬工具，沒有牛馬豬羊，沒有輪車，沒有小麥，生產力只停留在石器時代，卻培育出世界文明之苑中如此耀眼的一朵奇葩，確實讓人不得不對馬雅人產生無比的敬意。

04 聚落城邦，區域國家與超級大國

　　馬雅人最早建立的城邦，實際上只是一個個小小的村落；後來，他們有了國家的概念，建造了華麗的宮殿；遷居墨西哥之後，隨著生產生活水準的提高和文化高度的不斷提升，他們精湛的手工業，高超的建築技巧，謎一樣的文化，建立起當時的超級大國。

　　馬雅的城市很多，據統計，在公元後的8個世紀中，各個不同的馬雅部落前前後後共建立了100多個城市，其中比較有名的有帕倫克、科潘等。這是馬雅經濟發展的結果。

馬雅人用石頭建造了許多宏偉的殿堂、廟宇、陵墓和巨大的石碑。馬雅人的建築物不但氣勢宏偉，而且富麗堂皇。至今在猶加敦或瓜地馬拉的熱帶叢林裡殘存著的馬雅遺址中，我們還可以看到在那些斷垣殘壁上鮮艷的色彩和美麗的圖案。

博南帕克遺址中還留下一些大約公元 8 世紀時創作的古代戰爭壁畫，畫中人物千姿百態、各具情態，栩栩如生，富有現實主義的表現力，是當今世界有名的壁畫藝術的寶藏之一。

馬雅人常在城市裡立柱記事，有固定的間隔年限，通常是每隔 20 年立一些石柱記一些重要的事情，我們可以根據石柱上的記錄知道這個城市的來龍去脈。立柱的年代長達 1200 多年，最早的一根石柱立於 328 年，最後的一根立於 1516 年。

馬雅人是高水準的建築師，他們在奇琴伊察修建的庫庫爾坎（Kukulcan）金字塔超過了蒂卡爾和其他城市的金字塔。庫庫爾坎金字塔塔底呈正方形，高 30 米，塔身分為 9 層，四面各有 91 級寬闊的石階，台階總和為 364 級，若把塔頂神廟算 1 級的話，共 365 級，代表 1 年的

天數。神廟高 6 米，呈正方形。

　　金字塔正面的底部雕刻著羽蛇頭，高 1.43 米、長 1.87
米，寬 1.07 米。這個金字塔是為因應宗教和農業的需要，
經過精密的設計和計算建造的。

　　馬雅人還在奇琴伊察建造了天文觀象台。它是一個
圓形的建築，高 22.5 米，整個塔像一個蝸牛殼，塔內有
螺旋式樓梯通往塔頂的觀象台，塔壁上開有精心設計的 8
個窗口，由此觀察天象。

　　另外一段奇琴伊察城中還建有規模龐大的建築群，
包括「總督府」、「修女宮」、「勇士廟」、「虎廟」
及龐大的金字塔。這些建築物的外牆、門框、石楣上都
布滿了精雕細鑿的羽蛇浮雕，其用料之細、形象之華美
和勻稱，都超過了原來南部馬雅文化的建築，甚至連今
日的建築學家都驚歎不已。

　　馬雅人不少的公共建築建有堅固的圍牆，在圖魯姆
地方至今還留有一道長達 2350 英尺、寬 20 英尺、高 10
至 15 英尺的古牆。馬雅人還是偉大的築路工，馬雅各城
市間路路相通，四通八達。

　　公元前 200 年到公元 800 年左右是馬雅文化最興盛

的時期。馬雅人在這個地區發展了數百座城市，蒂卡爾是其中最大的一個，在最高峰時，此城有10到20萬居民。他們發展成許多個農業密集的、城市集中的城邦。其中最為顯著的遺跡是建於宗教中心的金字塔，和伴隨它們的皇宮。

其他重要的遺跡還有雕刻石板，這些用象形文字寫成的石板主要描述宗譜，戰爭勝利和其他的成就。蒂卡爾是古典時代最美麗的馬雅城市，以至人們甚至將它譽為「美洲的雅典」。

馬雅人之所以能建立起如此令世人驚歎的建築，與他們遷居後經濟的長足發展是分不開的。經濟發展的原因很大一部分是因為馬雅人的手工業水準很高，他們會用陶土製成各種器皿，用燧石或黑曜石製成各種工具和武器，用棉花織成布匹，用金、銀、銅和錫等元素製成合金，加工成各種器皿和裝飾品。

市集很發達，一般的集鎮和城市都有市集，各業人員可在市集上進行交易，商品有棉布、蜂蜜、蜂臘、燧石武器、鹽、魚以及各種日用品和食品，商品交易已經有了貨幣。市集旁邊都有旅館供來往客商住宿。集市一

27

般有固定日期，或逢單逢雙，或3、6、9，或逢年過節不一。

　　因爲商品經濟的發達，馬雅人不但內部經濟活絡，而且有了廣泛的外部貿易。其經濟活動遠至南美洲的哥倫比亞一帶，還影響到秘魯、智利等地。此時的馬雅，無論是城邦規模，還是繁華程度，在當時的世界上都是數一數二的，他們將在美洲熱帶雨中的一個小小的村落，發展成影響整個南美洲的超級大國。

05 突然到訪的客人

　　提起哥倫布，大家都不陌生。我們都知道他 4 次出
海航行，最終發現了美洲大陸，開闢了橫渡大西洋到美
洲的航路，是他促進了舊大陸與新大陸的聯繫。現在我
們說哥倫布的功績不單單是發現了美洲，而且歐洲人也

29

是透過他，第一次聽說、接觸到神祕而又絢爛的馬雅文明。

公元 1502 年，哥倫布生命中的最後一次遠航美洲。哥倫布指揮著僅存的 3 艘又破又小的船隻，焦急地顛簸在一望無際的大西洋上，這已經是他第 4 次接近美洲了。

這次他發現了一個後來被稱爲新大陸的地方，雖然他堅信這個地方就是他夢寐以求的印度和中國，卻一直沒能找到馬可波羅所說的遍地黃金。

目光短淺的西班牙王室似乎已經對他失去了信心，以至於第 3 次航行結束的時候，他是戴著手銬被押回國內的。他手下那些人也越來越對這位自稱是海軍上將的航海家表示懷疑，哥倫布最後是連哄帶騙進行這次遠征的。但是，也就是在這次航行中，哥倫布的船隊和 25 個乘坐著一艘巨大獨木舟的馬雅人不期而遇了。

他們的船在宏都拉斯灣靠岸，哥倫布和他的船員興奮地踏上久違的陸地。在當地的市集上，一種製作精美的陶盆吸引住他的目光，賣家告訴他，這漂亮的陶盆來自「馬雅」。「馬雅」，這個神奇的名字，第一次傳入了歐洲人的耳朵。

　　馬雅人和歐洲人的第一次相遇，雙方都用充滿好奇和不解的眼光注視著對方。馬雅人可能在想他們爲什麼有金色的頭髮，爲什麼他們的皮膚是那麼白皙，他們的服飾是那麼怪異；歐洲人也驚異地發現馬雅人沒攜帶也不懂得金屬的武器可以傷人，當他們將鐵劍遞給好奇的馬雅人時，馬雅人竟出忽他們意料地用手抓住了劍刃，因無知而弄傷了手指。馬雅人沒有任何鐵器，他們的武器是石斧，工具也是石斧。

　　哥倫布的到訪讓馬雅人第一次看到了自己生存了世世代代的土地以外的人和事物，他們拿出手工做的陶器和工藝品同歐洲人交換他們從來都沒見過的新奇東西。

　　我們可以想像當時的馬雅人在街頭巷尾討論著歐洲人，討論他們的長相、他們的服飾和剛剛從他們手裡交換來的東西。單純的他們可能永遠也想不到，就是這些人，將要給他們帶來無盡的災難。

　　他們毫無保留地向歐洲人展示他們的珍寶，略帶炫耀而又那麼的真誠。他們將歐洲人當作是遠方而來的客人，但就是這些遠來的客人，在不遠的將來，奪走了他們的土地，他們的珍寶甚至他們的生命。

31

　　其中的原因我們不難解釋，西班牙王室之所以支持哥倫布的航行，是爲了尋找遍地黃金的國度；而宗教信仰方面的差異，也是西班牙人大肆屠殺馬雅人的又一個誘因。

　　哥倫布在他的遺囑中這樣寫道：「聖靈佑助，我獲得了並在後來徹底明白了一種思想……承萬能的主宰，我在1492年登上了印度大陸。」將死之時，哥倫布仍然不忘其「主」，其虔誠可見一斑。

　　哥倫布每次遠航都是懸掛十字軍的旗幟出航的，他以此說明自己爲上帝傳教的責任，對「主」是忠誠的。哥倫布西渡的目的之一便是傳教，這既是「王命」，又是作爲基督徒的他義不容辭的義務。

　　事實上，西歐的基督徒認爲，不信仰上帝的異教徒應該以殺戮來消滅，這就不難解釋哥倫布在到達美洲後屠殺印第安人的行爲了。所有的異教徒，在他們認爲無法被「主」的教義感化的時候，屠殺將是最好的辦法，於是哥倫布以及隨踵而至的西班牙人用屠殺異教徒來表示對上帝的虔誠。

　　突然到訪的客人讓世界知道了馬雅，也讓馬雅人第

一次看到了整個世界。但是，家園卻因此而淪喪，侵略
者堂而皇之成爲了那片土地的主人，而土地原來的兒女
卻顛沛流離，朝不保夕。

　　據說，馬雅祭司曾占卜到會有陌生人來到他們的國
家，最終成爲他們的主人。也許，正是因爲祭司的占卜，
加上最終雙方戰力上的懸殊使得馬雅人相信這都是神的
旨意，一切都是宿命。

06 昨日日不落，今日炮成灰

　　馬雅人與歐洲人的第一次接觸是友好的，他們好奇地注視著對方，相互交換著禮品，但是隨後的交往卻是腥風血雨。

　　西班牙殖民者為了尋找金銀財寶殘酷而瘋狂地劫掠土著居民，而馬雅人也將俘獲的西班牙人送上祭壇，剜出他們的心臟祭祀馬雅人的神靈。這種毛骨悚然的宗教

活動，使西班牙人確信，馬雅人一定是被魔鬼統治著。但是，同樣令西班牙人感到驚訝的還有馬雅文明的高度成就，當時的人們無法理解在新大陸所見到的事情，他們認為馬雅人要麼是亞當、夏娃的子孫，被大洪水沖到了遙遠的美洲，要麼根本就不是人類，是魔鬼的化身，是撒旦留下的「遺根」。

1517 年，西班牙人科多巴率船隊從他們在美洲的統治中心哈瓦那出發，目標向西到附近島嶼上抓捕土著居民充當奴隸，偶然來到猶加敦半島北部沿岸，首次見到馬雅人的海濱城市。

西班牙人發現半島上不僅有城郭和居民，還有他們夢寐以求的黃金，於是迅速衝上海岸，掠奪神廟裡的財物。馬雅武士奮起抵抗，裝備精良的西班牙人傷亡慘重，科多巴「悲傷地返回古巴」。這是殖民者第一次探險中美洲大陸。

1518 年，對科多巴有關黃金的報告產生極大興趣的古巴殖民總督韋拉斯克茲，拼湊了一支有 4 艘船、200 人組成的船隊，在他的侄子格里加爾瓦率領下遠征猶加敦。在猶加敦東岸的墨西哥灣巡行時他們對馬雅城市土倫美

35

麗壯觀的海濱風光讚歎不已。隨後他們又來到猶加敦西岸，在塔瓦斯科地區進行搶劫，最終到達了北部的帕努克河。在返航途中他們又來到查姆坡同報仇，結果又被重創。格里加爾瓦在戰鬥中負傷，回到哈瓦那後不久死去。

　　格里加爾瓦的航海在古巴引起了極大的激情。猶加敦地區被認爲是塊遍地黃金和富饒的土地，深處墨西哥灣西北大陸腹地，有著上千萬人口的阿茲特克帝國，更有大量的他們夢寐以求的金銀玉石。等待著冒險家來掠奪它的財富。

　　1519 年 4 月，西班牙探險家科爾特斯（Hernan Cortes）集結 11 艘船和 500 人，配備了馬匹與大炮第 3 次向猶加敦半島進發，在半島西部海岸塔瓦斯科海岸，擊敗了當地的馬雅人後成功登陸。

　　8 月，西班牙殖民者的鐵蹄踏進阿茲特克帝國首都特諾奇提特蘭（Tenochtitlan）。善良的阿茲特克人毫無戒備，把白人當作遠方光臨的和平客商，給以熱情招待。然而強盜要的是阿茲特克人的土地和財富，科爾特斯對阿茲特克進行了慘絕人寰的殖民戰爭。

在特諾奇提特蘭的攻防中，出現了美洲殖民史上最為激烈、最為殘酷的戰鬥，1521 年 8 月，經過激烈巷戰，城市終於陷落，守城軍民幾乎全部壯烈犧牲，整個城市的建築幾乎被毀壞。巴黎國家圖書館珍藏著一位目擊者寫的長詩《特諾奇提特蘭被圍的最後幾天》，詩中寫道：

大路上滿是折斷的箭鏃，撕掉的頭髮散落各處。
房子被掀去了屋頂，牆壁被鮮血染紅。

科爾特斯在特諾奇提特蘭的廢墟上重建新城，也就是現在的墨西哥城。1522 年西班牙國王卡洛斯一世任命科爾特斯為副王，以墨西哥城為中心設立了「新西班牙副王轄區」。後來，這個副王轄區成為西班牙人向北美洲、中美洲和南美洲進行殖民擴張的基地。

隨後，西班牙殖民者又把矛頭伸向馬雅。1523 年 12 月，科爾特斯的部下阿爾瓦拉多奉命征服了現今瓜地馬拉一帶。接著，他們又占領瓜地馬拉和薩爾瓦多環抱的地區，侵入現在的宏都拉斯，進攻猶加敦，成立了「瓜地馬拉都督區」。

37

1527 年開始，科爾特斯的另一部下蒙特宙先從東部征服猶加敦地區，後從西部對猶加敦進行征服。經過 20 年持續爭鬥，終於在 1547 年最終使猶加敦地區臣服。16 世紀下半葉以後，馬雅地區完全淪爲西班牙的殖民地。

早在 1519 年 2 月，科爾特斯先率領西班牙軍隊橫掃墨西哥，征服正處於文明鼎盛時期的阿茲特克帝國。科爾特斯帶上 11 艘船隻，110 個水手，553 個士兵，其中只有 13 個士兵有火槍，32 個士兵有石弓，10 門重砲，4 門輕砲和 16 匹馬。

探險隊於耶穌受難日在現今的韋拉克魯斯市（Veracruz）登陸。科爾特斯在海岸附近停留了一段時間，收集有關墨西哥形勢的情報。他獲悉統治墨西哥的阿茲特克人在內陸有一大筆資金，有大量的貴重金屬，而且被征服的其他印第安部落有許多人都對他們有切齒之恨。科爾斯特一心要進行征服，即決定向內陸進軍，侵占阿茲特克領土。科爾特斯在進軍前，毀壞了探險隊的船隻，使得他的手下將士要麼就跟他一起奪取勝利，要麼就被印第安人斬首殺頭，別無他路可走。

在向內陸進軍徒中，西班牙人遇到了一個獨立的印

第安部落──特拉斯卡拉人（Tlaxcala）的激烈抵抗。經過一番苦戰，他們的大部隊被西班牙人打敗後，決定跟科爾特斯結盟打擊他們所仇恨的阿茲特克人。

科爾特斯隨後向喬盧拉進軍；阿茲特克的首領蒙特珠瑪二世計劃對西班牙人發動一場突襲。但是科爾特斯事先獲得了印第安人去向的情報，先發制人，在喬盧拉屠殺了數以千計的印第安人。隨即向首都特諾奇提特蘭進軍，1519 年 9 月 8 日他一槍未發就進入了該城。他立即將蒙特珠瑪關押起來，使他成為自己的傀儡，征戰幾乎取得了全面的勝利。

「剷除一個文化，如同路人隨手折下路邊的一朵向日葵。」此時，馬雅文明已近尾聲，但在猶加敦半島上，還殘存著一些馬雅小邦。1526 年，一支西班牙探險隊試圖用暴力建立西班牙殖民地，並強制推行基督教信仰。

不肯屈服的馬雅人展開了長達百餘年的游擊戰，直到 1697 年，最後一個馬雅城邦在西班牙人的炮火中灰飛煙滅，馬雅文明自此淹沒在那片雨林之中。

07 玉米，我們的神靈！

　　玉米是世界上廣泛種植的農作物，產量高，適應性強，在乾旱、貧瘠等艱苦的條件下都能生長，旱澇保收。

　　然而卻很少有人知道這種現在看來極爲平常的農產品在相當長的一段時期內，全世界只有印第安人懂得種植。直到西班牙人占領了中南美洲，才透過海運把玉米傳播到世界各地，最終成爲全世界種植最爲廣泛的農作物。

　　據專家研究顯示，玉米的野生祖本可能是中美洲丘

40

陵河谷中繁殖較快的一種野草，但它的真實標本至今仍
未找到，也有人相信這種野草可能已經絕跡。更令人驚
奇的是，專家們都肯定這種野草和今日的玉米有著天壤
之別，它的果實瘦小，苦澀而毫無營養。所以說，玉米
的培育是一個漫長而又艱辛的過程。

　　當玉米成熟時，馬雅人精心挑選那些產量高、營養
好的種子，長期堅持下去，過了幾百年、幾千年，種植的
玉米和它的野生祖本就有了很大的、甚至是根本的改變，
從又小又瘦變得又大又粗，苦澀變為甘甜，無營養變為
高營養，品種也變得多樣，有的果穗較大，需 7、8 個月
才能成熟；有的果穗較小，約 3 個月就能成熟。

　　一種河谷中的野草經過幾千年的培育，變成了既甜
美又富營養的糧食，這就是玉米。馬雅人的肉食相對較
少，他們的果腹之物主要就是玉米。他們自稱是玉米人，
而他們的文明也被稱作玉米文明。

　　有這樣一個傳說：上帝用玉米粉塑造了馬雅人。馬
雅人生來對玉米有著深厚的感情，玉米是印第安人最寶
貴的作物，為避免它受到傷害，人們創造了玉米神專門
保護玉米生長。玉米是印第安人最重要的糧食作物，保

41

佑其生長的玉米神因而尤顯重要。

　　一座玉米神香爐出土於金塔納羅州的奇班切，大約製成於公元 1450 年至 17 世紀，陶質，屬於禮儀用具。這件香爐用於與玉米和繁衍有關的重大典禮儀式，上面塑造的玉米神手持鮮花頭戴王冠從天而降，帶來豐收的希望，耳朵上有巨大的耳環，五官突出，面目輪廓清晰。玉米神法力甚大，同植物和山神關係密切，其後裔則被視為夕陽、雨、閃電和蜜蜂的象徵。

　　從這件玉米神香爐上我們可以看出玉米在馬雅人的生活中占有重要地位。香爐的創作風格有著濃郁的墨西哥古文化風格，說明這件香爐創作於馬雅文明的後古典時期。玉米神耳上戴著的耳環，說明當時的馬雅社會的上層階層已經盛行戴耳環。

　　除玉米神香爐外，在恰帕斯州北部錫莫霍韋爾地區還出土了一把石斧，石斧上雕刻了一個側面人像，象徵著玉米神。

　　神話傳說、民間習俗只展現了玉米文化的一個側面，玉米作為馬雅人生活的核心，對其社會組織形式和生活習慣也產生了相當影響，這種影響被墨西哥人類學家稱

作玉米的社會效應。隨著古代馬雅社會人口的增加，每個家庭的玉米種植面積也不斷增加，人手不夠的情況下，社區內家庭與家庭間相互協作，這種農業上的相互協作機制後來演變爲土著社會的「徭役」，即社區內所有居民必須提供義務勞動，如修繕校舍、道路、水庫等。

此外，印第安人的生活節律也完全以玉米爲中心。馬雅人在史前時代制定了一部專門指導玉米種植的天文曆法，墨西哥南部的馬雅人居住區仍在使用這種曆法。

馬雅人的智慧不僅展現於對玉米果實的利用上，他們還利用玉米皮、玉米稈等製成生動有趣的手工藝品。在現今墨西哥城的文化市集上，各種以玉米爲材料的小玩具隨處可見。馬雅人對玉米的熱愛幾乎滲透到他們生活的每個角落。

馬雅人在種植玉米的基礎上形成了奴隸制經濟。以國王爲首，高官顯貴、教士、武士、工匠、商賈、農民和奴隸層層相疊的權力金字塔。這樣的社會分層遍布古代的整個中美洲文明。不論是哪個時代，他們都固守著這種劃分，幾千年來沒有什麼大的變化。

直到現在，馬雅人培育的玉米仍然在中美洲各國人

日常生活中占據著重要的地位，比如說，它是墨西哥人的主要食糧，從平民百姓到達官貴人的餐桌上，都不可或缺。

墨西哥人對玉米的利用達到無以復加的地步，連玉米棒上生長的「黑菌」都可以做成極其美味的食品，堂而皇之地進入國宴的菜單。

08 西班牙人在馬雅「焚書坑儒」

　　公元前 213 年秦始皇下令：除了秦朝國史、醫藥、術數、農技、園藝等著作外，其他一律限期交到官府，統一焚燬。次年，秦始皇為求長生不老，苦覓不死仙藥。此舉引來方士斥罵，始皇大怒，諸生全部被活埋。這就是中國歷史上著名的「焚書坑儒」事件。馬雅歷史上，也有過類似的事件，不過，下令焚書的是外來的侵入者，「坑」的是馬雅的祭司。

　　16 世紀中葉，西班牙殖民主義者，順著哥倫布的足跡，踏上中美土地，來到了馬雅部落。西班牙殖民者入

侵馬雅之後，不僅在軍事上與馬雅人的反抗展開較量；並且在文化上，兩個民族也發生了衝突。西班牙人信奉的天主教教義與馬雅祭司集團所代表的信仰格格不入。他們在軍事侵略的同時，還進行文化侵略，直接毀滅了馬雅文明。西班牙天主教的神父們，還要剷除馬雅人的宗教和文化，代之以天主教統治。

馬雅人委派通譯者佳覺向西班牙殖民者的隨軍大主教蘭達（Diego de Landa）介紹了自己文化經典中的寶貴內容。馬雅經書中記載著精確的曆法，比起教會認可的格雷戈里公曆要高明得多，每年誤差才 1 分鐘，也就是說大約 1500 年才差 1 天。馬雅人的經書中還記載著不止一次的大洪水，人類的歷史可以上溯到洪水前數十萬年，這與《聖經‧創世紀》關於洪水的說法大相逕庭。馬雅人對行星運行軌道的深刻了解，遠勝於與上帝創世神聖地聯繫在一起的地心說。蘭達被馬雅典籍中記載的事情嚇壞了，認為這是「魔鬼幹的勾當」。結果，隨軍主教蘭達竟然策劃了一次大規模的「焚書坑儒」。

1562 年，大主教蘭達為了徹底地從精神上消滅馬雅人，傳播他的上帝的福音，竟然野蠻地下令燒燬所有的

馬雅文獻。用象形文字記載的馬雅歷史、文化、科學、哲學全都成了灰燼。更令人髮指的是，這位上帝的使者也把歐洲中世紀最可恥的火刑柱搬到了新大陸。

難以計數的馬雅祭司慘死於熊熊烈焰之中，帶走了只有他們才通曉的馬雅文明成就。此外，他還砸碎了無數神像和祭壇。他得意洋洋地記錄道：「我們搜查到大批書籍，記載的全是迷信的玩意兒和撒旦的謊言，我們乾脆放一把火把它們燒掉。」當地土著眼睜睜在旁觀看，心痛難過極了。心痛的豈止是「土著」！後來想探知古代文化和歷史真相的人，無一不為這場文化浩劫感到揪心之痛！

蘭達大主教的所作所為，比中國秦始皇的焚書坑儒，義大利布魯諾被燒死在羅馬的繁花廣場，不知還要惡劣多少倍。他燒燬的是人類花了數千年時間在西半球培育的最為光彩奪目的文明。有著近3000年歷史的馬雅文明，就這樣被西班牙殖民者毀滅了。

有能力識讀和書寫象形文字的祭司全部遭到殺害，致使那些倖存的真跡成為天書，至今無法破譯。有志於研究馬雅歷史文化的學者不得不另闢蹊徑，從西班牙人

47

留下的文獻中捕捉馬雅的影子，甚至於那個下令毀滅馬雅文獻的蘭達主教，居然也成了馬雅史料的主要見證人之一。

西班牙人毀滅馬雅文化的做法如此決絕，主要原因（據他們自己的說法）是認為馬雅人的神祇、文字太像魔鬼所為。也許潛意識裡也暗自驚異於他們完善的知識體系，雖然異於西班牙人熟知的常理，卻也是高度發達。這使他們心底產生畏懼，感覺到一種文化上的威脅。

可惜，馬雅社會的嚴格分工使普通百姓完全無法接近這些文字。西班牙人處死了占馬雅人口一小部分的祭司，就相當於在中國把所有的儒生包括識字的一切人全都處死了。

於是，雖然馬雅人一直守著自己的語言、守著自己的信仰和生活方式，直到今天；然而卻沒有人能看懂自己民族的文字、自己祖先留下的史書。那倖存下來的四本文獻分別收藏於歐美不同國家的圖書館或私人手裡，只能作為古董供人觀賞。西班牙人的「焚書坑儒」之後，馬雅人一下子神奇地失蹤了，他們燦爛的文化也隨之成了啞謎。

　　燦爛神奇的馬雅文明沉落在幽黑的歷史深處，從此後世人失去了一個偉大文明。只有三部馬雅手抄本因流落國外，僥倖逃脫厄運。這也許是古老的馬雅不甘沉寂，而留給世人最後一眼得以窺其文明聖殿的「匙孔」吧。

　　16 世紀殖民征服的烽煙漸漸平息之後，古代馬雅和其他的印第安文明一起被世人完全遺忘了。此後將近 200 年間，自居為美洲新主人的歐洲人一面大肆宣揚「印第安人無文明」的謊言，一面又把自己毀滅文明的殖民罪行美其名為「履行文明傳播的使命」。直到 18 世紀末，由於啟蒙運動的開展和歷史眼光的提高，西方人才又對 200 年來他們視而不見的美洲文明產生興趣。

　　馬雅沉睡的密林深處迴盪起陌生人的腳步，旅行者到這裡尋找傳說中的神奇和美麗，來這裡追懷一個杳然的世界，尋回一段失落的文明。

09 克沙爾鳥為何會飛到國旗上？

在瓜地馬拉的國旗上繪有一隻振翅欲飛的克沙爾鳥（Quetzal），國家發行的紙幣上也有牠的圖案，甚至市值單位就叫克沙爾。克沙爾鳥是中南美的特產，與馬雅人有著不解之緣。

這種鳥非常美麗，牠長著彩色的羽毛，胸脯潔白如雪，最可愛的是那藍綠相間、高雅華貴的長長尾翎。

古代馬雅貴族和祭司就用這美麗的尾翎作裝飾，牠成為這些政治領袖和精神領袖高貴的象徵，成為他們高貴形象的一部分。

克沙爾鳥生性剛烈，寧可死去，也不願被囚在籠中。牠的這個性格，成為馬雅人熱愛自己的文明，反抗殖民壓迫的象徵。克沙爾鳥意象除了表面這層堅貞不屈，我們又可以透視出哪些與馬雅文化有關的東西呢？

讓我們把目光再次投向數百年前那血與火的戰場。在傳說與神話的虛光裡，原來英勇悲壯同時也是不忍正視、不堪回首的恥辱。

1523 年底，科爾特斯派他手下上尉軍官阿爾瓦拉多征服馬雅人。他帶領由騎兵、步兵、炮兵組成的殖民軍耀武揚威地向馬雅人居住的地區進發，不料遇到了強有力的抵抗。阿爾瓦拉多上尉屬下只有 120 名騎兵、300 名步兵，173 匹戰馬，4 門大砲，另外還有一些已歸順的特拉斯卡拉和喬盧拉人。

與之對陣的是 7 萬馬雅大軍，這真是眾寡懸殊的對比。然而，馬雅人卻慘敗。神話般的英勇不屈意象的背後，卻是屈辱地被征服的事實。

馬雅大軍首先在第一回合就敗給西班牙人的軍事計謀，他們被誘騙到平原開闊地帶，這是便於騎兵馳騁、火器施展的有利地形。阿爾瓦拉多把弱變成了強，馬雅

人卻把強變成了弱。

他們的文明沒有給他們以近代軍事武器的知識,卻給了他們神靈崇拜的觀念。他們沒見過火炮,甚至對騾馬也一無所知。炮火轟鳴自然地被看成天神施威,騎兵也被當成半人半馬的天兵天將。

照理說,1523 年時的所謂軍事優勢其實也很有限,西班牙人使用的還是長矛刀劍,直到 16 世紀後半時才產生槍彈,17 世紀才發明把彈丸與裝火藥結合起來的辦法。前裝式滑膛槍裝彈時,先要咬掉紙彈殼的底蓋,向藥池內倒少許火藥,餘下的由槍筒口倒入,再推入彈丸和紙殼,真是不勝其煩。史料顯示,即便是很原始的火繩槍,殖民軍也沒有幾支。

所以,馬雅人並不是敗於軍事技術上不如人,而是敗在心理和文化的戰場上。當 7 萬大軍敵不過區區數百人這個事實,在當時是怎樣刺傷了馬雅人的心靈,讓人可想而知。

我們從經過文化「文飾」的克沙爾鳥意象中,可以找到某種屬於馬雅文化傳統的東西。就像克沙爾鳥千百年來作為馬雅祭司頭頂的標誌那樣,尋求安慰與解脫的

願望也找到了馬雅神靈世界這個象徵。

以克沙爾鳥為中介，古代馬雅人從宗教中尋找庇護、慰藉的努力，就與近代馬雅民族從神話般的意象中尋求精神寄託、解脫與昇華的努力，達成了千年一系的完整統一。

心理學告訴我們，人總要在「事實」與「認知」之間找到某種平衡。當慘敗、被征服的「事實」與馬雅人自尊自愛的民族情感發生矛盾時，當事實無法更改時，他們就不自覺地試圖改變「認知」。神話般的克沙爾鳥飛升而去，給黑暗的事實塗上鮮豔色彩。

現在的瓜地馬拉，是古老馬雅民族的發祥地之一，也是通往馬雅其他地區的必經之路。在這裡，馬雅文明與西方世界悲劇性地相遇了。頭戴翎盔，手持盾牌的馬雅武士，用弓箭、石矛這樣的原始武器，與西班牙殖民軍血戰。

軍事上的失利是無可避免的，然而他們在酋長特庫姆－烏曼的領導下，前仆後繼，屢敗屢戰。在一次空前慘烈的戰鬥中，特庫姆－烏曼犧牲了。悲慟的馬雅人說，他們的酋長化成了美麗的克沙爾鳥飛升而去，他的鮮血

染紅了克沙爾鳥潔白的胸脯。這個滿含深情的傳說，安慰了馬雅人的心靈，也顯示了他們不屈的民族精神，成為現在瓜地馬拉這個中美馬雅國度的優美神話，和永恆意象。

在中美幾個馬雅國度中，無疑瓜地馬拉是最值得驕傲的。馬雅文明最輝煌的歲月是在這塊土地上度過的，古典時期遺址蒂卡爾（最大的馬雅城市）在瓜地馬拉的境內，直到今天，馬雅後裔仍占其人口比例近6成。所以，瓜地馬拉特別看重自己馬雅文明國度的特色，把克沙爾鳥意象當作民族精神和文化傳統的象徵。

MAYA CIVILIZATION

Chapter 2
馬雅的**建築**與**藝術**

　　馬雅人的才華似乎大多表現在石頭或與石頭有關的方面，比如建築、雕刻等等。馬雅遺址上眾多氣勢磅礴的石造宮殿、金字塔、廟壇、觀星台。在建築方面，馬雅人無可爭議地列於首位。

　　馬雅建築規模龐大，設計複雜，裝飾精美，在這些方面，其他文化無法與之爭勝。

　　古馬雅人在沒有金屬工具、機械設備等技術手段的不利條件下，竟然還能夠創造如此輝煌的文明業績。這些石頭為我們講述他們發光的智慧。

01 不同歷史階段，不同建築風格

　　馬雅人曾經生活過的地方，自然條件十分惡劣。儘管現在看來這裡是美洲新大陸上最不適於人類生存的地區，但是對於古代馬雅人來說，這裡似乎是他們最理想的生存環境。

　　那裡有廣闊的適於農業耕作的土地，有豐富的動物資源，可以用來做食物，製作衣服，調配藥品，並且取之不盡，用之不竭。當地生產的石灰石是建造房屋的好材料，不僅僅是因為它很容易用木質或者石質的工具開採（這是古代馬雅人能夠開採的唯一石料），還因為它堅固耐用，不怕自然風雨的侵蝕，燃燒後它就變成了熟

石灰，並且在整個地區都可以找到易碎的、粗糙的石灰石岩層，馬雅人把這些石灰石加工成泥灰。

考古學家在猶加敦半島南部發現了一座具有馬雅建築風格的城市。數據顯示，這座古城至少已有2300年的歷史，打破了該地區馬雅文化的歷史紀錄。墨西哥國家人類學與歷史研究所考古學家培尼亞‧卡斯蒂略表示，這是一座比烏斯馬爾和奇琴伊察還要早的馬雅古城。馬雅文明被劃分為前古典期（約公元前250至公元250年）、古典期（公元250至900年）、後古典期（公元900至1520年）3個階段。該遺址就處於馬雅文化的初期，也就是前古典期。

在古典期馬雅文化進入盛期，各地較大規模的城市和居民點數以百計，都是據地自立的城邦小國，尚未形成統一國家。各邦使用共同的象形文字和曆法，城市規劃、建築風格、生產水準也大多一致。

主要遺址大多分布在中部熱帶雨林區，蒂卡爾、瓦哈克通彼德拉期內格拉斯、帕倫克、科潘、基里瓜等祭祀中心已形成規模宏大的建築群。

蒂卡爾遺址由數以百計的大小金字塔式台廟組成，

氣象宏偉，城區面積達 50 平方公里，估計居民有 4 萬左右。此時出現大量刻紀年碑銘的石柱，一般每隔 5 年、10 年或 20 年建立一座，成為獨特的計時柱。

公元 800 至 900 年左右，這些祭祀中心突然廢棄，馬雅文明急劇衰落。11 世紀以後，馬雅文明中心開始逐漸移向北部的石灰岩低地平原。

在後古典期馬雅文化有著濃厚的墨西哥風格。從墨西哥南下的托爾特克人征服猶加敦，並以奇琴伊察為都城。

建築中出現石廊柱群及以活人為祭品的「聖井」、球場，還有觀察天象的天文台和目前保存最完整的高大的金字塔式台廟，崇拜羽蛇神魁扎爾科亞特爾（Quetzalcoatl）。

卡斯蒂略說：「在紀念性建築物當中它將位居前列。古城中有一個大型球場、許多林立的石碑和具有獨特意義的陶器。」這些陶器多為盛水器皿，其體積各不相同，把手也形態各異。

其中最重要的是一個圓形杯狀物，它由一種尚未確定的細膩材料製成，杯狀物表面出現了馬雅文化中的天

神──伊察姆納。伊察姆納坐在美洲豹皮覆蓋著的蓮花台座上。此外，杯狀物的另一側刻有墓誌銘。銘文開頭使用馬雅文化中的計時法記錄了時間。

　　這無疑是現今發現的馬雅建築的最傑出代表之一，綜合以往我們發現馬雅的建築在不同時期有不同的風格，也側面反映了當時馬雅人高深的數學知識。它是近年來馬雅考古的最重大發現之一。

　　此後北部的馬雅潘取代奇琴伊察成爲後古典期文化的中心。這個時期的陶器和雕刻藝術都較粗糙，世俗文化興起，並帶來好戰之風。馬雅潘的統治者與其他城邦結成聯盟，用武力建立起自己的統治。

　　1450年，大概由於內部叛亂，馬雅潘被焚燬，此後百年文化趨於衰落。1523至1524年，西班牙殖民者乘虛而入，從墨西哥南下占領猶加敦半島，馬雅文明被徹底破壞。

02 馬雅萬千城，城城各不同

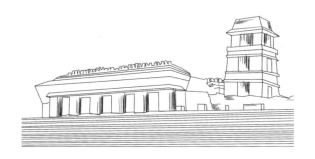

　　「文明」通常用來描述這樣一種文化：它已經發展到了一定點，進而具有中央集權統治，專業化的手工業和正式的宗教。

　　儘管有文字記載的馬雅文明是這個歷史分期的最有力而又稍嫌武斷的標誌，但這是一種傳統的廣為認可的觀點。

　　我們要瞭解馬雅建築的特點，就必須逐個的瞭解現今發現的馬雅古城中的建築物的藝術特色，不同時期，不同地區的馬雅人在建築上都有他們獨到的見解。

　　在馬雅文明的古典主義時期，也就是從公元 317 年

到公元 889 年，這時期的起點是迄今爲止可以被人類揭開謎底的最早馬雅文明階段。當時的馬雅人的生產生活和主要的經濟活動，都主要集中在佩騰盆地的中心地區。現在這地區中的馬雅遺址，是當時馬雅人生活的一個鮮明的縮影。

位於特古西加爾（巴西北部大約 225 公里處），靠近瓜地馬拉邊境有一座科潘古城，它是古馬雅的一處遺址。遺址坐落在 13 公里長，2.5 公里寬的峽谷地帶，海拔 600 米，占地面積約爲 15 公頃。這裡依山傍水，土地肥沃，森林密布。

科潘是馬雅文明中最古老且最大的古城遺址。廣場中有金字塔、廣場、廟宇、雕刻、石碑和象形文字石階等建築。科潘古城的建築特色主要是以宗教爲主要題材，城中的建築也都與馬雅人的祭神、祈福等宗教活動息息相關。

位於半島中部的奇琴伊察則是馬雅遺址中最爲有名的一個。該城修建於公元 514 年，是馬雅繁盛時期最大最繁華的城邦。城中現存的主要古跡有曾支撐了巨大的穹窿形房頂千柱廣場、武士廟及廟前的斜倚的兩神石像、

供奉祭品用的聖井、馬雅人古天文觀象台——「蝸台」，以及高 30 米的庫庫爾坎金字塔。

　　馬雅文明的早期階段圍繞祭祀中心形成居民據點，古典期形成城邦式國家，各城邦均有自己的王朝。社會的統治階級是祭司和貴族，國王世襲，掌管宗教禮儀，規定農事日期。

　　公社的下層成員為普通的農業勞動者和各業工匠。社會最下層是奴隸，一般來自戰俘、罪犯和負債者，可以自由買賣。

　　馬雅諸邦在社會發展上與古代世界的初級奴隸制國家相近。那麼，我們就知道，奇琴伊察古城的建築特點是階級劃分的最好憑證，從側面反映了當時馬雅社會的階級劃分情況。

　　馬雅文明基本上屬新石器和銅石並用時代，工具、武器全為石製和木製，黃金和銅器在古典期之末才開始使用，一直不知用鐵。農業技術簡單，耕作粗放，不施肥，亦無家畜，後期有水利灌溉。手工製品有各種陶器、棉紡織品等。不同村落和地區間有貿易交換關係。

　　馬雅人的建築工程達到古代世界高度水準，能對堅

硬的石料進行雕鏤加工。建築以布局嚴謹、結構宏偉著稱，其金字塔式台廟內以廢棄物和土堆成，外鋪石板或土坯，設有石砌梯道通往塔頂。其雕刻、彩陶、壁畫等皆有很高的藝術價值，著名的博南帕克壁畫表現貴族儀仗、戰爭與凱旋等，人物形象千姿百態，栩栩如生，是世界壁畫藝術的寶藏之一。

03 為什麼每根石柱相隔 20 年？

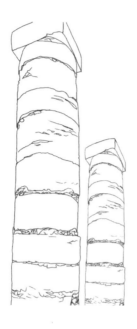

　　在猶加敦或瓜地馬拉的熱帶叢林裡殘存著的馬雅遺
址中，經常可以看到有大小、高矮不一的巨型石柱。它
們雕刻精細，上面塗抹著鮮艷的色彩和美麗的圖案，宏
偉莊嚴而又神祕莫測，訴說著歲月的滄桑。

　　這些石柱數量之多、規模之大、放置位置之重要，
令人不解：馬雅人為什麼要煞費苦心、消耗大量的人力

65

物力來建造這麼多根石柱？它們究竟蘊藏著什麼祕密？

原來馬雅人會在城市裡立柱記事，時間間隔有固定的年限，通常是每隔20年立一根石柱記一些以用來記載一些重要的歷史事件，所以，我們就可以根據石柱上記錄，知道這個城市過去發生事情的來龍去脈。

據現有的材料推算得知，立柱的年代竟長達1200多年，最早的一根石柱立於328年，最後的一根立於1516年。

正如已被破譯的瓜地馬拉蒂卡爾神廟石柱上的馬雅文字記載，該石柱立於公元468年6月20日，而這年恰好是馬雅曆的第13年。石柱上的文字主要敘述了蒂卡爾城第12代統治者坎阿克和他家屬的一些事蹟。

石柱上的文字還告訴我們西阿恩‧查阿恩‧卡韋爾於公元411年11月27日成為蒂卡爾的統治者，於456年2月19日死去，並在458年8月9日安葬。蒂卡爾城是由一位叫雅克斯‧摩克少克的馬雅人所建，他是坎阿克的祖先。經過100多年的統治，坎阿克家族把蒂卡爾城變成了當時最輝煌的城市。馬雅人立的石柱是研究馬雅文化的珍貴歷史資料。

　　馬雅是一個非常重視歷史的民族，他們為了記載當時發生的大事，每隔 20 年，都會在他們的城鎮裡立一塊石碑或一根石柱，把這 20 年來所發生事情原原本本、仔仔細細都刻在上面，這就是聞名世界的馬雅紀年石柱。

　　這些紀年石柱是研究馬雅文化的珍貴的歷史資料，可以說，就是有了這些石柱，馬雅文化才成為了美洲古代歷史上唯一有年代可考的文化。

　　馬雅紀年石柱，大多是一塊長方形的巨石，上部鑿成橢圓形，在它一面的正中，刻出人物故事，並在其上側、兩側或下端刻出作為銘記的象形文字。

　　至今發現的這類石碑與石柱已有數百塊（根），在帕倫克、科潘、蒂卡爾等城市遺址中都有發現。科潘發現的 36 根石柱中，高低大小不一，每根石柱都是用一塊整石雕鑿而成；石柱正面有祭司雕像，造型逼真，與人體比例協調；石柱的背面和側面刻有記載重要事件的象形文字，每個文字的周圍雕有花紋，圖文並茂。

　　在這些石塊堆中間，有許多觀星台高聳入雲是為了高過周圍的大樹，望見遙遠的地平線，有許多祭壇和宮殿只是為了顯示威儀和奢華；然而，也有許多廟宇、石柱、

金字塔是爲了展現馬雅人祖先關於春分和秋分的知識，有許多石碑是爲了記錄社會大事之用。

馬雅人消失了，神殿破敗了，剩下的只有這些石頭。雖然經過數百年的風吹日曬，雨水沖刷，塵土掩埋，這些鐫刻在石頭上、凝結在石頭中的歷史印證仍然佇立於創造者的家園。

它們好像一首凝固的史詩，即使記錄它的經書失落了，口傳它的人民不在了，卻仍能在故土的上空迴響，讓所有踏上這片土地的人感受到這個民族不朽的文化，彷彿古老的主人仍然存在，這些城市仍然存在。

事實上，這些石刻的人像、建築是如此龐大，以至於許多遊訪者在感慨之餘，懷疑它們非人力所爲！神乎其神的猜測愈傳愈多，馬雅人在這種追思中被抬高到介乎神人之間的位置。不過，只要我們回到這幾百塊持之以恆的石碑，回到這些紀年紀事中所描繪的現實世界來，我們將不難發現，這些石頭所見證的歷史，完全是人的歷史，完全是人類所能企及的智慧。

04 建築技術與建築材料

　　現存的已發現的規模龐大的馬雅古建築群大都建築在高低不平的地面上，有智慧的馬雅人採用修造石階的辦法，因地制宜，使整個建築群錯落有致，層次分明，建築群處於群山綠樹的環抱之中，顯得分外幽靜雅致，別有一番滋味。寬闊的林蔭大道在龐大的建築群之間鋪展綿延，就像田野之間的阡陌，交通四通八達，街道兩邊有不少帶凸形屋頂的民房，錯落有致。馬雅人膜拜的羽蛇神以及馬雅雨神等諸神的圖騰雕像等，在整個古城內隨處可見，其用料之細、做工之精、形象之華美，都讓人歎爲觀止。

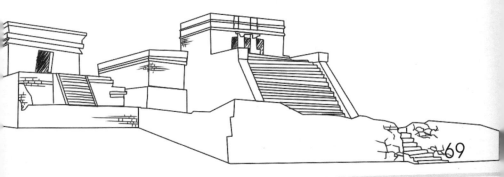

69

　　馬雅人是高水準建築師，奇琴伊察的庫庫爾坎金字塔超過了蒂卡爾和其他城市的金字塔。

　　馬雅的天文台也是充滿特色的建築物。以今日的眼光來看，不論是在功能上或外觀上，馬雅的天文台與現在的天文台十分類似。

　　以凱若卡天文觀測塔爲例，建築在巨大而精美的平台上，有小的台階一階階地通往大平台。與現在的天文台有些相似，也是一個圓筒狀的底樓建築，上面有一個半球形的蓋子，這個蓋子在現在天文台的設計是天文望遠鏡伸出的地方。

　　底樓的四個門剛好對準四個方位。這個地方的窗戶與門廊形成六條連線，其中至少三條是與天文相關的。其一與春（秋）分有關，另兩個與月亮活動有關。

　　這座凱若卡天文觀測塔是遺跡中最大的天文觀測塔，其他遺跡也有類似的建築。他們在位置上都與太陽及月亮對齊，近年來考古學家認爲古時候馬雅的天文學家建立了一個地區性的天文觀測網。

　　這些建築以今日的角度看也足以令人稱奇，但是馬雅人的建築材料更是令人驚歎。他們的建築材料很常見，

就是石頭。可是讓我們驚異的是，他們是如何把巨石搬運到建築地點，如何切割，如何堆砌。

以馬雅金字塔來說，巨大的石塊如何切鑿搬運到叢林的深處，再把一塊塊幾十噸的石塊堆積起來，堆高至70米處，要是沒有先進的交通工具及起重設備，是難以完成這個任務的。

而生活在叢林裡的民族，為什麼要花這麼大的工夫，建立一個天文觀測網？

歷史記載，望遠鏡是伽利略16世紀才發明的，接著才有大型天文台的出現，而天文觀測網的觀念是近代才出現的，這樣的觀念可說是相當先進。

由此可以確定的是，馬雅人當時的科學水準與現在相比毫不遜色。

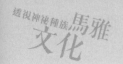
05 博南帕克壁畫，馬雅生活的縮影

　　位於墨西哥恰帕斯州博南帕克的一座馬雅神廟內，
有著名的博南帕克壁畫，年代約為公元6到8世紀，屬
於馬雅文明古典期的繁盛階段。博南帕克的台地山陵曾
是馬雅文明興盛衰落的地方，在鬱鬱蔥蔥的樹林披覆之
下隱藏了一座小寺廟，昔日金碧輝煌的拜神大殿已成為
廢墟，然而它卻像一位滔滔雄辯者，用渾厚低沉的聲音

訴說著馬雅人的過去。

「博南帕克」在馬雅語中即是壁畫牆的意思。神廟因三個廳堂內有鮮艷的壁畫而被當地馬雅人稱爲畫廳，祕不示人，直到 1946 年才被偶然發現。

壁畫保存較好，充分顯示出馬雅壁畫藝術的高度水準。內容分別表現貴族儀仗、戰爭與凱旋、慶祝遊行和舞蹈等。壁畫人物眾多，動作表情生動，色彩艷麗，筆法穩健，爲馬雅文明的藝術瑰寶，成爲中美洲馬雅文明最重要的壁畫遺跡。

博南帕克的馬雅遺跡是凋謝的古文明之花。或是被歷史長河中的暗流甩上沙灘的卵石，粗看毫不起眼，卻會在打磨之後閃光如金器銀皿。數個世紀以來，這些精彩絕倫的古代生活細節被封藏在墨西哥南部猶加敦半島洞穴的壁畫中。宗教祭神的放血、野蠻血腥的搏擊格殺、彩衣華服的君王和冷酷的戰士，古馬雅人卻以不經意的方式把文明延續進了現代生活。

熱帶叢林中常年不斷的雨水沿著石牆緩緩地流下，長年累月下來，淤積成了薄脆的碳酸鈣硬殼，這些硬殼宛如上帝的賜福，很好地保護了這些作於公元 8 世紀的

珍貴的馬雅壁畫。歲月滄桑中的晨風暮雨讓其他地方的壁畫都像花開後必然的凋謝，而博南帕克的壁畫卻因這套不透明的「外衣」成了自然精心保存的藝術精品。

三個墓穴壁畫所描述的內容不盡相同。墓穴一中約2.5米高的壁畫展示的，是為一位年幼繼承者授位所舉行的慶典。因為在其他任何地方都無法看到如此完整的場景，因此使其更顯珍貴。但猶如紅顏薄命，壁畫的美麗使它自身遭到了破壞，眾多旅遊者在觀察壁畫時把煤油潑濺到牆壁上以使鈣畫透明，顯出被遮掩的部分，同時相機的閃光燈也傷害了壁畫。栩栩如生的壁畫中描繪了和古馬雅人生活息息相關的事物。一個凶殘的南美鱷魚頭被裝在人的軀幹上，被連續擊打的螯蝦和活蹦亂跳的鯉魚，象徵著給予生命之水的重要性。

玉蜀黍的綠色穗插在頭上作為裝飾，對馬雅人來說，那是神聖不可侵犯的生命源泉，玉蜀黍的抽芽、開花、結實意味著季節的輪轉和塵世生命的更新。而鱷魚頭怪人所坐的圓鼓鼓白色墊子，和號手們吹氣時鼓出的腮幫子，則讓我們理解到了馬雅人生活中的一絲俏皮。壁畫的另一頭是列隊舉行授位儀式的人群。這是博南帕克的貴族，

迷人的禮帽使他們的面容自信而莊嚴，或為珠或為環的
耳飾形態各異，胸上綴著翡翠和塗血的貝殼，在他們曳
足而行時會如環叮咚。腰上圍著的短裙使他們顯得粗獷
和強悍，再配上冷漠的眼神，讓人不得不相信這些貴族
的高位必是由顯赫的戰功所換來。

　　據史學家考證，這幅壁畫大概是描述公元 790 年和
791 年舉行的一次授位儀式。這次授位被位於博南帕克北
方亞克齊蘭城的領主所監證，他實際上是這片土地的最
高統治者。讓人迷惑不解的是繼位者自己，他應是大典
的中心人物，卻並沒有被置於畫面的顯赫位置，而且他
的雙眼是被挖出了的。這是為什麼呢？是有宗教和政治
的寓意，還是後人無意的毀壞，這暫時還不得而知。

　　墓穴二是一場混亂的戰爭後以戰俘作為敬供神靈的
祭品，畫的是血腥的戰爭。博南帕克的統治者喬安・穆
安領導了這場混亂的叢林突襲，俘獲了神的祭品及不少
的敵人。他的美洲虎皮緊身短上衣彷彿也使他擁有了獸
類不屈不撓的鬥志和嗜血的殘忍。每一個戰士頸項上都
掛著被砍下的敵人頭顱，足以使人毛骨悚然、魂飛魄散。
頭盔雖然造型各異，卻都張揚著使人壓抑的威懾。可憐

75

的戰敗者被喬安・穆安推倒，由於失去平衡，雙腿飛起，長矛啪的一聲斷成兩截。昔日華麗的戰袍被撕得粉碎，露著身體蒙受著羞辱。喬安・穆安抓著敵人的頭髮，提著一捆韭菜，這在馬雅文化中是典型的戰勝者姿態。

藉著電腦修復壁畫，科學家一處一處仔細觀察，從局部到整體更能分析因肢體交錯顯得紛繁複雜的畫面。歷史文獻記錄這是喬安・穆安和拿坎哈城統治者聯合發動的一場戰爭，這次戰爭對博南帕克人而言一定是意義重大而且戰果輝煌，可是由於顏料的脫落，一些像素永遠丟失了，但戰鬥的吶喊和掙扎的呻吟也許還在猶加敦半島上空的某處飄蕩。

墓穴三是博南帕克統治者以破指滴血的儀式給繼位者授權。這些場面將馬雅文化中的戰爭、殘忍、自大、享樂以圖畫的形式加以闡述。壁畫中是幾名位高爵顯的馬雅婦女，她們圓潤的身體似乎隱藏著耽於聲色的慾望，在王室的寶座中被跪著的弄臣侍候，她們準備刺破舌頭、放血祭神。

鮮血在馬雅文化中意味著生命，流血是和先祖的溝通及表達對神的敬意，也可以作為戰勝和繼位等事件的

盟證。皇族擔負著在神及一般民眾之間溝通的任務，放血是他們引以為豪的大儀式，更是一種責任。榮耀獲得需要付出代價，馬雅人用石塊、螫針、骨刺、荊棘刺破舌頭或生殖器，有時還用細繩穿過傷口。在壁畫中可以看到兩個婦女手拿繩索的痛苦畫面。座台上第 3 個女人推測是喬安・穆安的妻子，她正準備用骨針戳破舌頭，讓鮮血滴在面前灰盆中的紙上，染有血的紙會被燒掉奉贈給部落之神。台上左邊緣跪著手持骨刺的一個女人，台下是另一位懷抱嬰孩的婦女。那個小孩可能是個新的繼位者，展開手指似乎在準備第一次放血。

整幅 200 多個角色的壁畫宛如戲劇演出，栩栩如生地演示出馬雅人的優雅與性格缺陷。博南帕克的遺跡像馬雅文化本身一樣，藏有無數祕密。其實馬雅人在繪製這些壁畫時，他們的文明已經開始衰落，迅速凋謝的文明甚至讓這些壁畫無法完工。

或許，研究修補這些畫像可以告訴我們馬雅文化衰亡的原因。博南帕克的壁畫僅僅只是馬雅文化輝煌的一處小小見證。

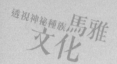

06 金字塔難道不是埃及特產？

　　博南帕克的壁畫僅是馬雅文化輝煌的一處見證，馬雅人在建築、天文、曆法等方面都取得過輝煌的成就。

　　在猶加敦半島東北部，馬雅人修築了一座羽蛇金字塔。金字塔北面台階上塑有張口吐吞的羽蛇神頭像，蛇

身隱伏在階梯內，當春分、秋分的黃昏時刻，會正好看
到九層石階的陰影宛如起伏游動的蛇身連在頭像後，日
漸西斜，影隨光動，展現了馬雅人高超的建築技巧和對
天象的掌握。

　　奇琴伊察的而在奇琴伊察的庫庫爾坎（即帶羽毛的
蛇）金字塔的東面有一座宏偉的四層金字塔上，被稱爲
勇士廟，廟的前面和南面是一大片方形或圓形的石柱，
名爲「千柱群」，這些石柱過去曾支撐著巨大的宮殿。

　　它的入口處是一個用巨大石頭雕成的仰臥人形象，
古馬雅人稱它「恰克莫爾」神像，它的後面是兩個張著
大嘴的羽蛇神。環繞著這片中心區方圓幾公里內還有很
多奇琴伊察舊城的石砌建築，都是同一時代的遺址。

　　因爲馬雅金字塔暗含了相當深奧的科學道理，人們
對其建造者的身分產生了疑問。有人認爲，馬雅金字塔
是由埃及人建造的，理由是埃及金字塔的建造時間遠遠
早於馬雅，而且，埃及早期的金字塔，以位於薩卡拉的
「喬塞爾金字塔」最爲典型，也有從下到上的階梯。

　　也有人認爲，傳說中的「大西洲」沉入海之前，一
部分人來到美洲和非洲，把展現了他們智慧的金字塔原

封不動搬到這兩個大陸。

　　還有人認為，外星人是馬雅金字塔的真正建造者，這些塔本來是被當作貯藏室的，外星人離開後，來到中美洲的人們發覺金字塔有奇異的保藏能力，便把這些古老的貯藏室變成了王者的停屍處。塔頂坍塌之後，這些人在上面營造了廟宇，用以供奉他們的神靈。

　　這些五花八門的說法雖然都力圖自圓其說，但由於缺少科學根據，並沒有多少人真的相信。但有的學者，包括考古學家，提出了非常現實的問題：埃及人尚有銅製工具及輪式機械使用，處於石器時代的馬雅人是如何切割、運輸用來建造金字塔的巨大石塊的？

　　考古學家對種種質疑並非不屑一顧，但他們更傾向於用公認的證據來闡述自己的觀點：馬雅人是金字塔的建造者。他們經過多方考察，發現馬雅人的建築用石材大多來自猶加敦半島，那裡的石灰岩質地較軟，完全可以用玄武岩製成的石刀切割。

　　這種石灰岩在地面暴露一段時間之後，就會逐漸變硬。馬雅人先把石頭採出，在石頭變硬之前完成切割、雕刻工作。至於石製工具，英國考古學家諾曼·哈蒙德

在庫埃羅遺址找到幾件匕首狀石器，其鋒利程度足以刺透顱骨，用這樣的工具切割石灰石或稍硬一點的石材，完全是可能的。

考古學家在猶加敦發現了數個採石場，甚至還找到了切割失敗而被棄用的石塊。切割好的石塊動輒重達 2、30 噸，馬雅人又沒有輪車可供使用，他們是怎樣把這些龐然大物運到數十乃至上百里外的目的地的呢？考古學家的答案是，馬雅人砍伐硬木，把它們製成各種長度和粗細的圓木，然後把石塊放上去，滾動著運到目的地。

當然，在當時的道路條件下，要用這種方式完成石塊運輸工作，並不是一件輕鬆的事情。但是毫無疑問，這種方法雖然費力但仍是可行。

20 世紀 70 年代，墨西哥考古學家在猶加敦的科巴遺址發現了通往四方的「白色通道」，總長度超過 100 英里，路面寬為 10 到 15 英尺，表面塗有灰墁，堅固而平滑。這個發現對於「滾木運石」之說顯然很有利。

墨西哥猶加敦半島上，聳立著許多氣度非凡的金字塔，它們是馬雅人留下的作品。其規模之宏偉，構造之精巧，乃至於情景之神祕，完全可以與埃及金字塔媲美。

以太陽金字塔為例：塔基長 225 米，寬 222 米，和埃及的古夫金字塔大致相當，基本上是正方形，而且也正好朝著東南西北四個方向，塔的四面，也都是呈「金」字的等邊三角形，底邊與塔高之比，恰好也等於圓周與半徑之比。

它們的天文方位更使人驚駭：天狼星的光線，經過南邊牆上的氣流通道，可以直射到長眠於上層廳堂中的死者的頭部；而北極星的光線，經過北邊牆上的氣流通道，可以直射到下層廳堂。

他們的建塔技術的高超也是驚人的。以庫庫爾坎金字塔為例吧：塔基呈四方形，共分九層，由下而上層層堆疊而又逐漸縮小，就像一個玲瓏精緻而又碩大無比的生日蛋糕。

塔的四面各有 91 級台階，直達塔頂。四面共 364 級，再加上塔頂平台，不多不少，365 級，這正好是一年的天數。九層塔座的階梯又分為 18 個部分，這又正好是馬雅曆一年的月數。

馬雅人崇信太陽神，他們認為庫庫爾坎是太陽神的化身。他們在庫庫爾坎神廟朝北的台階上，精心雕刻了

一條帶羽毛的蛇，蛇頭張口吐舌，形象逼真，蛇身卻藏在階梯的斷面上，只有在每年春分和秋分的下午，太陽冉冉西墜，北牆的光照部分，稜角漸次分明，那些筆直的線條也從上到下，交成了波浪形，彷彿一條飛動的巨蟒自天而降，迤邐遊走，似飛似騰，這情景往往使馬雅人激動得如癡如狂。

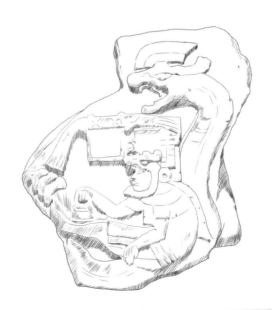

07 可圈可點的馬雅建築群

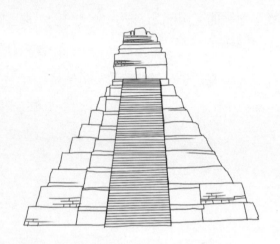

馬雅文明大約發端於公元前 1800 年，奇琴伊察則始建於公元 5 世紀，7 世紀時占地面積達 25 平方公里。馬雅人在這裡用石頭建造了數百座建築物，這是馬雅文明發展到鼎盛時期的產物。

這些建築不僅高大雄偉，而且雕有精美的裝飾紋，顯示出古馬雅人高超的建築藝術水準。

奇琴伊察的中心建築是庫庫爾坎金字塔，這座金字塔的設計數據都具有天文學上的意義，它的底座呈正方形，它的階梯朝著正北、正南、正東和正西，四面各有

91 層台階，台階和階梯平台的數目分別代表了一年的天數和月數。52 塊有雕刻圖案的石板象徵著馬雅日曆中 52 年為一個迴年，這些定位顯然是經過精心考慮的。

馬雅天文台是馬雅人自己的天文觀測台。這是一組建築群，從一座馬雅金字塔上的觀測點向東方的廟宇望去，就是春分、秋分日出的方向；向東北方向的廟宇望去，就是夏至日出的方向；向東南方向的廟宇望去，就是冬至日出的方向。類似的建築群，在馬雅文化遺址地域還發現了好幾處。最負盛名的是奇琴伊察天文台。

奇琴伊察天文台是馬雅文化化中唯一的圓形建築物。一道螺旋形的梯道通往三層平台，頂上有對準兩個星座的天窗。從上層北面窗口厚達 3 米的牆壁所形成的對角線望去，可以看到春分、秋分落日的半圓；而南面窗口的對角線，又正好指著地球的南極和北極。

奇怪的是，他們天文台的觀察窗並不對準夜空中最明亮的星星，卻對準肉眼根本無法看見的天王星和海王星。我們知道：天王星是 1781 年，由赫歇爾發現的；海王星是 1846 年，由柏林天文台發現的。千百年前，馬雅人如何知道它們的存在？

　　作為馬雅文明古典時期規模最大的城邦遺址，奇琴伊察與猶加敦的其他馬雅遺址不同。今天奇琴伊察甚至整個猶加敦半島馬雅文明標誌物的城堡金字塔，都是典型的托爾特克式建築而非真正的馬雅式，那些用於祭祀自然神靈的金星平台、神鷹和美洲虎平台刻滿了骷髏和屍骨圖案的骷髏牆以及戰士神廟，都是馬雅文化與托爾特克兩種文化相結合的產物。

　　但最讓人歎為觀止的就是戰士神廟和環繞的千柱群。若由城堡金字塔頂的制高點眺望，千柱群中那一根根排列密集整齊的石柱猶如整裝待發的馬雅武士，莊嚴肅穆、威風凜凜。近看這些石柱，那些碑狀造型的都雕刻著武士的全身人像，細膩逼真、栩栩如生。

　　馬雅極致的建築——球場由金字塔廣場往西一拐，就進入了奇琴伊察的大球場。這座長90米、寬70米的古球場是迄今為止所發現的規模最大的馬雅球場，踢球在這裡也有悠久的歷史。

　　馬雅的球賽並非體育比賽，它是一項極為莊嚴的祭奠儀式。據記載，馬雅球賽的雙方隊員都是錦衣登場。因為很難將粗笨的實心橡膠球踢進球場兩側高牆上小小

的石環狀「球門」，因此比賽有時會舉行數日。失利的一方最後會被作為祭品殺死獻給神靈。

　　位於大球場南側的天文台是奇琴舊區中另一座重要的建築物。與托爾特克建築為主的遺址北區相比，舊區的建築物少了些肅殺，多了馬雅石建築的精美。未受圖台克文化影響的馬雅建築多保留在這個區域裡。

　　然而，造型獨特的天文台卻是這個馬雅建築區的一個例外。經過考古工作者多年的研究發現，天文台建築秉承了獨特的托爾特克風格，他們甚至由此提出了奇琴伊察曾遭受托爾特克人入侵的假說。

　　就沿著天文台前的小路前進，來到教堂和修女院前，它們是奇琴伊察遺址中兩座最經典的馬雅古建築，而其奇怪的歐洲名字也與遺址中的城堡金字塔、天文台一樣由西班牙殖民者命名，它們在馬雅時代的名稱今天早已無從考證了。

　　「修女院」是一個頗有規模的建築群，據說它曾是奇琴伊察的一座宮殿，在建築造型上是純正的馬雅切尼斯風格。

　　修女院的外牆上遍布雕刻精美的雨神面具裝飾，它

的一處入口更被巧妙地建成了雨神面具上張開的大嘴，
馬雅人能將建築裝飾與實用機制結合的天賦，在此充分
地表現了出來。而修女院建築群中的金字塔上也留著一
個奇特的大口子，是昔日美國人盜寶的物證。

　　19世紀一位美國探險家異想天開地認爲這座金字塔
裡埋藏著黃金，他用炸藥破壞了這座金字塔，結果一無
所獲。

　　近鄰的教堂是奇琴伊察遺址中的一座小建築，但它
精美的外牆裝飾卻受到許多人青睞。教堂是一座典型的
馬雅普克式建築。儘管其室內空間狹小採光也差，但它
們華麗異常的外牆裝飾卻讓人流連忘返。其裝飾主要都
建在建築物外牆的上層，繁複的建築物上層裝飾會給人
頭重腳輕的視覺感。

08 驚人的相似度，是巧合，還是宿命？

　　誕生於熱帶叢林之中的馬雅文明，大約存在於公元
16世紀以前的3、4000年之間，是人類原始文化的重要
代表之一。

　　馬雅人創造了數不勝數的獨立雕塑作品和附著於手

89

工藝品（以器皿爲主，兼有飾物等）的雕塑，這些作品大多以鬼神和人物爲主題，造型千姿百態。在鬼神、動物與人物形象之間，在抽象幾何形狀與具體形象之間，馬雅人曾進行過無數出人意料的組合。

馬雅人擅長以象徵和誇張的手法表現寓意，不過，許多象徵元素的意義至今我們也無法理解。整體來說，馬雅早期的雕塑充滿宗教和祭祀的神怪氣氛，後期雕塑更面對現實，即便是神靈，也往往被表現得相當世俗化。

馬雅人塑造了許許多多姿態多變，表情豐富，充滿表現力的人像，這些人物有被壓平的短小額頭和高高凸起的長大鼻子。反映了馬雅人的審美趣味。

馬雅藝術，與馬雅人的宗教信仰和處世哲學緊密相關。馬雅人相信，世界是由諸多神靈主宰的，他們分別居住在天上、地上和地下，分別主管著萬事萬物。

這些神靈有近似人或動物的形象，比如太陽神、玉米神、雨神等自然神，特別受到馬雅人崇拜。馬雅人萬分虔誠地供奉著統治大自然的種種神靈，以無比豐富的想像力創造出無數詭祕多變的神怪形象；同時又以巨大的熱情表現著人歡樂的世俗生活。

　　真誠的情感和美妙的形式完美結合，使馬雅雕刻藝術魅力無窮，成爲人類歷史上最具審美價值的雕刻藝術之一。然而我們卻在馬雅人留下的壁畫裡發現了類似於中國的龍的影子。

　　馬雅人奉若神明、而且奉爲重要神明的羽蛇神，在頭形、身形及藝術表現手法（如雲紋、彎鬚）上，與中國的龍有相像之處。人們都驚異於這種相似性。在墨西哥、瓜地馬拉，甚至於在歐美國家的一些學者中間，也廣泛流傳著類似的猜測。那麼，羽蛇神到底是不是中國龍呢？

　　羽蛇神的名字叫庫庫爾坎，是馬雅人心目中帶來雨季，與播種、收穫、五穀豐登有關的神祇。事實上，它是一個舶來品，是在托爾特克人統治馬雅城時帶來的北方神祇。中美洲各民族普遍信奉這種羽蛇神。羽蛇神在馬雅文化中的地位可以從許多方面觀察到。

　　古典時期，馬雅「真人」所持的權杖，一端爲精緻小人形、中間爲小人的一條腿化作蛇身、另一端爲一蛇頭。到了後古典時期，出現了多種變形，但基本形態完全變了，成爲上部羽扇形、中間蛇身下部蛇頭的羽蛇神形象。

羽蛇神與雨季同來，雨季又與馬雅人種玉米的時間相重合，因而羽蛇神又成為馬雅農人最為崇敬的神祇，在現今留存的最大的馬雅古城奇琴伊察中，就有一座以羽蛇神庫庫爾坎命名的金字塔。在金字塔的北面兩底角雕有兩個蛇頭。

每年春分、秋分兩天，太陽落山時，可以看到蛇頭投射在地上的影子與許多個三角形連套在一起，成為一條頗具動感的飛蛇。象徵著在這兩天羽蛇神降臨和飛昇，據說，只有這兩天裡才能看到這項奇景。所以，現在它已經成為墨西哥的一個著名旅遊景點。

而在當年，馬雅人可以借助這種將天文學與建築工藝精湛地融合在一起的直觀景致，準確掌握農時。與此同時，也準確掌握崇拜羽蛇神的時機。

羽蛇神的形象還可以在馬雅遺址中著名的博南帕克畫廊等處看到。要說它的形象，與中國人發明的牛頭鹿角、蛇身魚鱗、虎爪長鬚，能騰雲駕霧的龍，還著實有幾分相像。起碼在蛇身主體加騰飛之勢（羽蛇的羽毛）的基本組合上，是一致的。

此外，如畫廊一室屋頂上畫的羽蛇頭、馬雅祭司所

持雙頭棍上的蛇頭雕刻，與龍頭也更爲類以。而且，羽蛇神和中國龍崇拜都與祈雨有關。

　　有人說馬雅人的羽蛇神是殷商時期的中國人帶過去的中國龍，如果這種說法成立，那麼其中所說的馬雅人，首先應該改成中美洲人，因爲，中美洲的許多民族都有對羽蛇神的崇拜。而且，與中國龍有關的雨水紋圖案也可以在中美洲許多國家和地區的古蹟中發現，這是巧合還是冥冥之中的安排？

09 要瞭解馬雅文化，必須參觀這些遺跡

馬雅人神祕地淡出了世人的視線，但是他們留下來的遺跡卻能讓我們深深地感受到這段古老智慧民族的無窮魅力。讓我們來看看有哪些遺跡。

貝里斯是中美洲唯一以英文為官方語言的國家，那裡擁有重要的馬雅神廟和古蹟。馬雅人早在公元前 1500

年前就已在貝里斯定居，雖然在公元 900 年左右開始衰微，但仍有部分馬雅文明中心存續，直到 16 年代西班牙人入侵爲止。

　　在古典時期，貝里斯的人口超過百萬，而一般認爲，貝里斯爲當時的馬雅文明中心。雖然大部分的馬雅文明中心皆不復存在，但是仍有許多馬雅人散居在各地的小村莊。

　　神祕的馬雅文明在經歷了前古典時期、古典時期後，在公元 800 年前後達到巔峰，他們大規模建造祭祀用的神廟、展現天人合一的美洲金字塔，在貝里斯的叢林和沼澤濕地開闢具有現代雛形的城市。

　　但是，馬雅文明在公元 1000 年至 1500 年的後古典時期開始迅速消亡，在中南美洲大陸持續了 1800 年的燦爛文明彷彿一夜之間風化崩解，最終消失在荒煙漫草中，成爲一座座給人無限遐思的歷史遺跡。

　　科潘馬雅古城的遺址馬雅文明中最古老且最大的一處，廣場中有金字塔、廣場、廟宇、雕刻、石碑和象形文字石階等建築，是十分重要的考古地區，它吸引了許多外國學者到此進行考古研究，也是宏都拉斯境內重要

的旅遊點。

公元前 200 多年，科潘是馬雅王國的首都，也是當時的科學文化和宗教活動的中心，1576 年，西班牙人加西亞在從瓜地馬拉去宏都拉斯的途中，發現了這處淹沒在草莽叢中的古城遺址。

遺址的核心部分是宗教建築，主要有金字塔祭壇、廣場、6 座廟宇、石階、36 塊石碑和雕刻等；外圍是 16 組居民住房的遺址。

最接近宗教建築的是馬雅祭祀的住房，其次是部落首領、貴族及商人的住房，最遠處則是一般平民的住房，反映了階級社會中等級制度的宗教特點，和宗教祭祀的崇高地位。

在廣場附近，一座廟宇的台階上立著一個非常碩大的、代表太陽神的人頭石像，上面刻著金星。另一座廟宇的台階上，是兩個獅頭人身像，雕像的一隻手握著一把象徵著雨神的火炬，另一隻手握著幾條蛇，嘴裡還叼著一條蛇。

在山坡和廟宇的台階上，聳立著一些巨大的、表情迥異的人頭石像。據說，馬雅人的第一位祭司、象形文

字和日曆的發明者伊特桑納死後，就被雕刻成眾神中的主神供奉於此。另一個長 1.22 米、高 0.68 米的祭壇上，刻有四個盤腿對坐的祭司。他們身上刻有象形文字，手中各拿著一本書。在這個祭壇的雕刻群中，有用黑色岩石碎片鑲嵌成花斑狀的石虎和石龜。

科潘是馬雅象形文字研究最發達的地區，它的紀念碑和建築物上的象形文字符號書寫最美、刻製最精、字數最多，例如，在科潘遺址中，有一條 6、70 級的梯道，用 2500 多塊加工過的方石砌成，這是一座紀念性的建築物，梯道建在山坡上，直通山頂的祭壇。寬 10 米，兩側各刻著一條花斑巨蟒，蟒尾在山丘頂部；梯道的每塊方磚上都刻著象形文字，每個形文字的四周均雕有花紋，梯道共刻了兩千多個象形文字符號，它是馬雅象形文字最長的銘刻，也是世界題銘學上少見的珍貴文物，由此被稱為「象形文字梯道」。

科潘馬雅遺址中，還發現了一個面積約 300 平方米的長方形球場，地面鋪著石磚，兩邊各有一個坡度較大的平台。現在台上仍有建築物的痕跡。據考證，科潘的馬雅人在舉行祭祀儀式時，要進行一場奇特的球賽，用

97

宗教活動來選拔部落中的勇士。

　　科潘馬雅遺址是馬雅文明最重要的地區之一，有著宏大的建築，還有豐富的象形文字，是極少數起源於熱帶叢林的文明的例證。這些建築表示科潘的馬雅人有高度發展的經濟和文化。

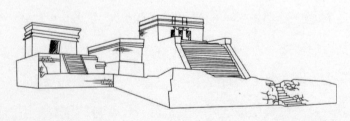

MAYA CIVILIZATION

Chapter 3

馬雅**生活**面面**觀**

　　如果說有什麼超出了浪漫神奇的魅力之外的東西需要我們去關注，那就是馬雅民族創造的複雜精緻的文化隱喻體系。它給我們提供了遠比淺薄的神祕感所能提供的更為強勁的智力上的刺激。

　　馬雅文明有其自身與眾不同的風格、體制、結構和發展史，它們自成一格，自足而圓滿。考古發掘專家和文化學者還有相當長的一段路要走。在最終破譯馬雅之謎之前，它的浪漫與神奇還將陪伴著我們。甚至可以說，等到真正揭開它神祕的面紗之時，馬雅文化可能向人們展示更加耀眼奪目、驚心動魄的人類智慧的光芒！

01 馬雅人的相貌和圖騰

　　當哥倫布自稱發現美洲新世界時，美洲印第安人早已在這片土地上生活了千萬年。當西班牙入侵者自稱在把文明播撒到這些「野蠻人」中間時，他們焚燒、摧毀了這裡長期以來建立的有序文化，殘殺、奴役這些創造了燦爛文明的印第安人後裔。在西班牙人眼裡，馬雅人和其他美洲民族一樣，都是信邪教的魔鬼。用外來文化的眼光判斷，總是掛一漏萬或者因自負而歪曲醜化。這

101

也是文化內聚力和自我肯定功能的一種表現。那麼西班牙人眼中的「魔鬼」長什麼樣的呢？

如果要描述古代馬雅人的體質和外貌特徵，我們可以列出四條追尋線索：

一，現在的馬雅人。他們是古代馬雅人的子孫，需要說明的是，現在的馬雅人，也沒有人可以閱讀古老的象形文字。

二，馬雅繪畫中呈現出的古馬雅人的代表。

三，16 世紀西班牙作家的一些描述。

四，在考古發掘中發現的很少量骨骼遺跡。

在以上四條線索中，第一條是最重要的，在今天的猶加敦古馬雅地區的當代人的外形與紀念石刻或者是繪畫中的人物十分相似，他們甚至可以爲遺址中的形象做模特兒。

在外形上，猶加敦地區的馬雅人相對矮小粗壯。他們有很長的上肢，但是手腳都很小。男子的平均身高是 5 英尺 1 英吋，女人的平均身高是 4 英尺 8 英吋。他們是世界上頭部最大的人種。

馬雅男子的腦容量平均指數是 85.8，而馬雅女人的

腦容量平均指數可以達到 86.8。相較之下，美洲男子的腦容量平均指數只有 79，而女子的平均指數是 80。

現在超過一半的當代猶加敦馬雅人直到 20 歲以後才能完全脫去乳牙，而當代白種美洲人一半以上 9 歲以前就開始換牙，9 成的人 14 歲時結束換牙。現代馬雅人的新陳代謝率比白種美洲人的平均低 5 到 6 個百分點，他們的脈搏每分鐘比我們少 20 次，我們的平均脈搏有 72 次，而他們只有 53 次。

馬雅人的皮膚是紅棕色的，直髮，髮色或者黑色，或者深棕色。馬雅不是多毛人種。馬雅男人或者只有少量鬍鬚，或者根本沒有。與美洲白人相比，他們身體其他部分的毛髮也很少。在馬雅文明中，對鬍鬚很不屑。古代馬雅母親經常使用熱毛巾燙烤幼子臉部，以抑制鬍鬚的生長，或者乾脆拔去多餘的毛髮。而且，從雕刻和彩陶中都可以發現，古典主義時期，鬍鬚經常被毀掉，這說明在當時的上層社會裡，蓄鬍鬚是被禁止或者是不為人們所喜歡的。

之前我們提到過馬雅人，中美洲地區和墨西哥印第安人的一支，屬亞洲蒙古人種美洲支。而中國人屬於較

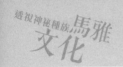

典型的蒙古人種，也就是「黃色人種」：黑髮，粗而且直；體毛很少；幼兒臀部有局部色素斑（蒙古斑），在中國有些地區俗稱「青屁股」；眼裂較狹，而且多數人具有位於眼內角的內眥皺裂。蒙古人種現在分布於西伯利亞、蒙古、東亞、南亞以及太平洋群島等地。

還有一個重要分布區就是美洲。美洲印第安人雖然有較大的變異，但仍可認為與蒙古人種為同一群類。就馬雅人而言，不僅擁有內眥皺裂、幼年局部色斑、體毛較少等蒙古人種的獨有特徵，而且馬雅人與中國人的掌紋線極為近似。

從人種學、人類學的角度來看，中國與馬雅擁有同祖的可能性確實存在。然而，那畢竟是在 1 萬年前甚至更久遠年代裡共有的源頭。相比較於中國 5000 年文明和馬雅 3000 年文化，實在也還有各自的跨度。在中間這若干千年間，兩種文化的產生，可能經歷了截然不同的發展軌跡。我們只能說，它們可能都保留了某些最根本的文化元素和文化憶痕。

02 馬雅文化圈的範圍

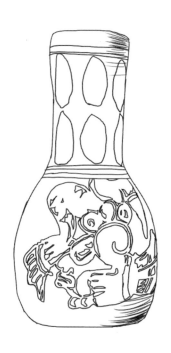

　　翻開早期西班牙入侵者們的記錄，首先讓我們感受
到馬雅文化獨特氣息的，也主要是這些戲裝式的穿戴。
文化使同樣的人具有各自群體的不同特點，而這些差異
性不僅表現在人們互相交往、人們與自然交往的方式上，
更直接地表現在屬於該群體的具體個人的包裝上。正是

105

從不同文化群體內部統一有序的人體包裝上，反映著一種文化的內聚力。文化也正是藉著這些披掛穿戴的紋飾和花樣最直觀地顯現出來、流傳下去。

今日的馬雅人已在服飾上引進了其他文化的表現手法，簡化了古典馬雅裝飾中許多精細、繁複、具有特殊含義的部分。但是，在墨西哥刺繡花紋、西班牙領巾、美國牛仔帽的依稀掩映下，馬雅文化的個性仍然頑強地保存下來。也許是出於男主外、女主內的原因，女性及與女性有關的家居生活方式、人際模式、甚至服飾習慣，往往是一個文化最難被同化、被取代的部分。

馬雅女性至今仍穿戴著一種四方如麻袋的直筒裙，十分寬大，頸部開口處有或簡或繁的繡樣，裙擺處的繡樣與頸部呼應。無論刺繡的色彩如何，裙子的本色都為白色。別看它平鋪在地上時直筒筒的毫無精工細裁之感，但穿在馬雅婦女身上，腰間一束，裙長適中，靜處時線條流暢，下擺豐富的垂感透出女性的沉靜，行時寬鬆自如，同樣還十分飄逸。

馬雅婦女平時深居簡出，萬不得已要出門時必然披上一條圍巾。這種披圍巾的做法來自於古時婦女出門用

大方頭巾裹住頭臉並蓋至胸部的習俗。現代時裝設計中頭巾被用來作為裝飾光禿禿的頭部或改善臉部輪廓線的道具，但有些時候也會回歸到它的本來用途：遮蓋和製造距離感。把身體包裹起來、遮蓋起來的服飾，一開始總是性禁忌的延伸，但後來往往成為表現、點綴、烘托的手段。在同一文化群體內部，還成為在一致性中突出個性、甚至標誌身分角色的戲裝。

古代馬雅男子一律的標準穿戴是遮羞布、披肩、涼鞋和頭飾。所謂遮羞布是一條 5 指寬的長帶子，長度足可繞腰部數圈，然後兜住胯下，一頭搭在腹前垂於雙腿間至膝的高度，另一頭在身後垂至大約相當的位置。披肩簡單到就是一塊方布，在兩肩上圍過來於胸前打結。涼鞋的樣式以平底加若干麻線為基本樣式，平底的常用材料是未曬過的乾鹿皮。頭髮一般全部朝天梳，留長髮，於頭頂紮成束。

然而，在這統一的「馬雅民族服裝」之中，不同身分、不同地位者在打扮上也有截然不同的標準。一般男子只有資格讓家中婦女的巧手在衣飾上加上刺繡或羽飾，但一切衣飾都要符合白丁的本色，即無色彩的白布。相

107

反，貴族、首領、祭司、武士的裝扮就千姿百態、美不勝收了。貝殼、玉石、羽毛、顏料、獸皮、掛件、動物骷髏，一切貴重而鮮亮的東西，都用來點綴風光，不厭其煩，對稱、精細、繁複、鮮艷，是其裝飾原則。

有些圖案是這些特殊人物專用的，比如美洲豹、鱷魚、人面，刺繡的用色、針法更是極盡精美之能事。有一種羽毛也是這類權貴專用的，來自克沙爾鳥，只在中美洲有，牠那華彩的藍綠色尾羽使其成爲馬雅王家的專用鳥。這種特殊的羽毛和其他寶石、玉塊、金銀飾、掛件一起，把權貴的冠、披掛裝點得寶氣珠光。加上首領、祭司、貴族、武士各自代表身分的權杖、法器、武器，構成不同角色生、旦、淨、丑各自的行頭。

光有行頭沒有臉譜也不行啊。馬雅人不僅男女都紋身，而且有塗臉的習慣。男孩子沒結婚前把臉上、身上都塗成黑色，結婚後則全部塗成紅色，如果齋戒，則再塗成黑色。武士塗紅、黑兩色，據說是爲了表現英武剛勇；塗抹的位置包括眼、鼻，甚至整個臉部，還有手臂和軀幹。俘虜的顏色是黑白條紋，祭司採用藍色。至於這些關於以色彩標誌身分的做法是圖譜的專用表示法還是生

活日常用法，很難從現在的習俗和圖譜本身對古代馬雅
人作出明確的推斷。然而，以色抹臉、抹臂已經和羽製
王冠、美洲豹皮一起，成為馬雅式裝扮的特色。

　　中國人在戲台上用重彩臉譜分派角色，固定造型，
古代馬雅人卻把它擺在實際生活的角色分派、角色定位
上。這種簡捷、直觀的程式化思維與民族服飾的規定、
男女服飾的不同側重是一脈相承的。然而，兩者又確實
存在些微妙的不同。後者追求的是服飾的本來目的，服
務於恥感文化與性禁忌，也是特定文化群體表現個性的
文化方式。前者則在服飾、文化的本來意義上進一步點
綴、紋飾，成為社會角色標誌的輔助工具，社會位置分
派、穩定的手段。

03 馬雅人的男尊女卑

　　要瞭解一個社會，那麼，瞭解一下其內部兩種性別之間的關係，大概最有助於獲得真切的感受。在男女關係上，一個社會會把它開化、文明的程度準確反映出來；社會的經濟生活、人際關係、道德倫理各方面也都具體化地呈現在觀察者的面前。

　　總體上說，馬雅男性居於絕對的優勢地位，男尊女卑無可爭辯。婦女被禁止參加宗教儀式，不得進入馬雅廟宇，這大概是初民社會男女兩性分屬不同的社團，各

自有各自祕傳的教義、規則、權益、神靈，不少文化人類學家對此已有論述。

馬雅婦女不許在街上正視男子，相遇時必須側肩而過，這也許是「兩性戰爭」的結果，是主宰與臣服的象徵。

至於男女不同食，雖說不能完全比附於古代中國的「男女七歲不同席」、「授受不親」等等，但是，其本質還是相通的。社會要以一種最為日常的活動來確立並日復一日地強化男尊女卑的觀念，無論是馬雅人也好，中國人也好，都自覺不自覺地這樣做了。

無論輩分如何，性別從整體上區別了等級地位，這是一種團體的地位。從男人們先行就餐的順序可以看出，不僅長輩在先，即父親先於母親，平輩間兄先於妹，而且不同輩分之間也同樣如此，兒子先於母親，弟先於姐。家中男性成員心安理得地接受女性的服侍，訓練培養了整個社會的綱常倫理。

小男孩從小就懂得了自己的性別角色，小女孩也潛移默化受到了性別角色教育，以使她們長大後順應整個社會男尊女卑的關係結構。吃飯小事，竟然是關乎社會結構秩序的大工程，文化機制的巧妙，正在此處。

111

著名的馬雅文化研究專家莫利說過：「兒童的培養，更多的是靠他們自己適應那套複雜的精心策劃的社會實踐的願望，而不是靠苛刻死板的規矩。」他實際上已經從馬雅人的兒童教育中隱約地看到了一種文化塑造的智慧。

由於馬雅文獻的缺乏以及多數文字尚未破譯，我們無法知道馬雅先民對他們的倫常秩序作了怎樣的理論表述，然而我們僅就今天馬雅部落遺民的行動，也可約略地想見他們的「三綱五常」。父為子綱，夫為妻綱，君為臣綱，這樣的說法可能讓現代社會充滿新思想的人大倒胃口。

然而我們不能採取非歷史主義的觀點看待人類文化的歷史，否定那些曾經存在過的社會價值和行為規範的合理性，否定其推動人類文明的巨大作用。如果耐心並尊重馬雅人曾經創造的一切，我們會發現，他們是以巧妙的方法實現社會人群的整合的。

家庭這些細微的潛移默化，保證了馬雅人的社會道德倫常觀念的內化，4、5歲是兒童性格形成的關鍵期，這時候形成的一套基本心理反應模式，會影響一生，決

定著他（她）成年經驗的輪廓。不僅個人，整個民族的命運都是在家庭這個狹小舞台的限制內決定的。

一般說，馬雅母親經常親撫她們的孩子，總是喃喃地對著嬰孩講兒語。這或許就是馬雅人總也擺脫不掉保護神觀念的心理起因，他們總是渴望神來親撫、眷顧他們，理解他們的處境、滿足他們的願望。這已經引發到馬雅社會意識形態的高度了。

有時，不得不對孩子體罰，母親總是不參與此事。父親的懲罰，大概有助於孩子們「切身」體驗男性在社會、家庭中的權威，這對一個男尊女卑的社會結構無疑是十分必要的。「父嚴母慈」，這個理想的家庭內部搭配，大概對馬雅綱常倫理的確立與鞏固極有助益。

在馬雅家庭中，大孩子不僅被要求來照顧年幼的弟妹，而且他們也被肯定對弟妹具有權威。年輕的家庭成員對年長者的尊敬是根深蒂固的。

父親是無可爭議的一家之長，沒有他的首肯，什麼也做不得，當然母親也同樣受尊重。這是什麼？這就是長幼有序，這就是中國古人所重的「孝」，和「弟」，假如沒有這種來源於童年經驗的綱常倫理，假如沒有這

113

種「順從」，那麼，也就沒有馬雅人想必極為完美的社
會組織體系，進而也就無法想像這些缺少現代機械設備
的人們，能夠透過齊心合力有組織的勞動來完成諸如宏
偉的金字塔、壇廟、石碑等人類文明的輝煌紀錄。

04 犯罪與懲處的歷史演變

　　有一種理論，稱西方文化是罪感文化，而東方文化
是恥感文化。也就是說，在西方基督教傳統背景下，人
們的思想和行為受制於凌駕萬物之上、洞察一切的上帝，
上帝遲早會給人的善惡打分數，也就是審判。

　　善有善報；惡有惡報，進天堂或下地獄在於自己如
何為人行事。基督教認為人生來即有「原罪」，人類是
背著沉重的包袱行走人生旅途的。這種觀念使得個人直

接面對上帝，直接體驗自己的良心感受，道德的約束是內在的，所以，才有向上帝「懺悔」不爲人知的隱祕罪錯的宗教行爲。

耻感文化則強調外在的約束力。罪錯暴露，才會受到他人的譴責與懲罰，社會才會把耻辱降落到這個人頭上。假如罪錯不爲人知，那麼也就不會有社會群體的壓力。耻感文化中的個人，其所做所爲首先考慮的是他人、社會的評價，以受人讚許爲榮，以人人排斥爲自己的羞耻。這種說法固然不無道理，但也失之簡單化。

許多民族的實際情況都是兼具兩種傾向，只是稍有側重而已。對個人來說，罪惡感和羞耻感常常是併發症，難分彼此。當他要想做某件事，或已經做了某件事，而這件事又與社會公奉的道德標準牴觸時，他就會體驗這並發的罪感和耻感。這在馬雅人身上表現得相當充分，其事例也饒富趣味。

猶加敦半島上昆塔那羅地區有些半獨立的土著馬雅人部落，他們對內在約束與外部壓力的感覺相當說明問題，大有古風遺韻，頗得馬雅祖先的真傳。也許古馬雅人真的沒有十分嚴酷的世俗法律，他們是用罪感和耻感

來控制人的行為，就像這些部落所做的那樣。

　　他們唯一的懲罰叫「阿卓台」，也就是抽打腳底。這種刑罰實施起來很講人道，即便是最重的判詞，也只不過說抽打 100 下，而罪犯又可以在連續 4 天裡每天只挨 25 下。

　　這種審判程序中最為意味深長的是，被判決的人在完成每次抽打之前的時間不是被投入監獄，相反卻被准允釋放，但他有義務在次日早晨自動投案接受剩餘的懲罰。既沒有警察，也沒有任何一個村民去看管他，把他押來解去地領受日復一日、連續 4 天的刑罰。

　　犯罪的人必須自動露面完成每天 25 次抽打，假如他不這樣做，假如他沒有在規定的時間來到指定的地點，那麼，整個部落就會把他視為公敵，為人所不齒。他就成了社會的棄渣，審判的逃犯，不受法律保護的歹徒。接下來，要是他死於非命，那麼隨便哪一個對他動武的部落成員都不會受到懲罰，因為這個人的生命已經被社會沒收了。這個事例，似乎展現了馬雅人既受內在道德約束又受外力壓迫的特點，儘管兩者的結合相當精微，不易直觀看清。

由於馬雅人表現出較強的正義感，他們的誠實美德也世所公認，所以說，上述事例中，被判罰的人並不真正畏懼「人人得而誅之」的懲處才一絲不苟地執行判決，他最怕的是自己落到被社會拋棄的羞恥境地。

判決的訓誡意味遠遠多於單純懲罰的意義，這可以從判決刑罰的形式看出。

抽打腳底並不是極刑，最重 100 下抽打實在溫和，「分期付款式」的執行更顯出人情味，這樣的刑罰目的是讓人改過自新，其作用無非是讓犯罪的人略微品嘗一下羞恥的滋味，而不是感覺皮肉的疼痛，分 4 次抽打明顯是為了盡可能減少皮肉之痛，盡可能增加恥感的頻度和強度。

而不拘不管、自來自去的意義更是高深，這完全是一種文化象徵手段。用這樣的象徵形式來幫助犯罪者自行完善自己的內在道德約束力——他之所以犯罪，就是他以前自我道德約束力有缺欠。這個連續 4 天的執行判決過程，將會使受罰者把心甘情願接受外在規範的行動加以內化。

這個馬雅風俗不顯山不露水地使用了文化隱喻的機

制，令人無法不讚歎馬雅人處理道德和社會問題的天才！

馬雅人的宗教也幫助了他們的道德，他們害怕自己因罪惡而受到無所不在的神靈懲處。因此，馬雅世界是一個夜不閉戶的世界，小偷在馬雅人中聞所未聞。作為一個民族，他們異乎尋常的誠實。沒人去偷別人的莊稼，似乎一些古老的禁忌控制著這類不良行徑。

其實可以偷盜的機會實在多是，比如說無人看管的玉米地往往距離最近的村落也有數英里之遙。馬雅人相信，誰若是從別人的玉米地裡偷玉米，就會被地裡的守衛精靈殺死，這種觀念成了遠在叢林中那些「敞開的穀倉」（玉米田）的真正保險鎖。

說穿了，人的道德感還是來自現實社會的關係，來自經濟利益的平衡。顯然侵占他人的糧食、財產是要引起爭鬥的，於是社會就必須建立針對這類侵犯行為（包括偷盜）的規則（道德）。宗教觀念無非是給予這種規則以超自然的認可，並以強烈的罪惡感作用於人的心靈而已。恥感和罪感共同保障了馬雅世界的秩序。

05 獨具特色的住宅風格

　　馬雅人的住宅反映了這家人在部落裡的地位。社會較高階層的人住石房子，在石頭上雕有精美的花紋裝飾，一些地位尊貴的上層階層的房子的石頭上，甚至還刻有文字。如果房子的主人是因為作戰勇猛而得到了石房子的獎勵，那房子的牆壁上就是有精心雕刻的圖案，表現主人的勇敢；如果是祭司本人的房子的話，那麼石牆大

多都是祈求神靈賜福一類的。

　　較低階層的人住草木屋，熱帶雨林裡到處都是取之不盡的籐蘿，他們用石斧砍倒樹木，作為房屋的支柱，用籐蘿編織成蓆子，作為房子的牆，幾天工夫，一座簡單的草木屋就建造好了。

　　走進馬雅人茅草蓋頂的村舍，會看到一幅古典畫面：豬、狗、雞在屋裡屋外任意閒逛，到處留下糞便；院子裡，打碎的碟子、破裂的罐子、損壞的盤子躺在多年前它們被扔棄的老地方。這給大多數馬雅家庭帶來的，絕不是整潔的氛圍。

　　然而，眼見為虛，人言為實。馬雅婦女最希望討個「好說法」，她們是理家有方、勤於打掃的賢內助，她們不僅「灑掃庭除」，還專門每天額外地清掃家門外髒亂的街道，真可謂自家門裡雪不鏟，專管人間路不平。

　　我們都知道，馬雅人的祭壇、神廟和宮殿都是有由石頭建築的，當時的馬雅人沒有機械工具，不利用牲畜的力量，完全是手拉肩抗，在一片片的熱帶雨林中，建築起現代的人也望塵莫及的宏偉建築。

　　對於上層社會的人來說，他們可能擁有更多的奴隸

和更大的權力，他們是部落的領袖，是神在人間的代言者，他們也理應住上石頭的房子。而對平民百姓來說，他們無法依靠自己的力量將石塊開採出來並切割，更何況雕刻上精美的花紋。

後來人們在馬雅遺址中發現了採石現場，甚至還找到切割至一半的石塊。真正的奧祕在於猶加敦半島富藏的石灰岩。原來，天然石灰石相對來說比較軟，較容易切割，而一旦暴露於地面上之後，它會逐漸變硬。還有一種當地多產的砂岩，也具有這種特徵，甚至在剛採出不久一段時間內，仍然易於鑿刻。馬雅的高大石建築都是用這些石灰岩和砂岩製造的。

首先，他們採出石坯。安山岩的石質較硬，但它的紋理整齊，所以可以根據岩床的自然解理進行切割。由於這個原因，許多馬雅石碑的橫剖面都是梯形，沒有一個頂角是直角。

其次是搬運。馬雅人生活在熱帶雨林中，周圍的密林裡有的是各種各樣的硬木，可以把它們製成各種長度和粗細的圓木條，讓巨型石碑借滾木運至所需的地點。然後要把石碑立起來。（馬雅石碑通常正、反面均有較

深的凸雕，不同於中國一般的刻字碑，因此，都是先豎立起來，然後再在碑上雕刻紋樣的。）

　　石碑最終要插入一個與底座相當的凹槽，才能固定住。而幾噸、甚至幾十噸重的石碑的直立，需要借助滾木、土墩和拉繩。

　　所幸的是，這些材料在雨林中非常豐富。這以後才是搭起鷹架，讓雕刻家像處理壁雕那樣進行工作。它們的粗雕還要經過進一步的磨光，最後還要上色，用一種與樹脂攪拌在一起的深紅色塗料（也有少數用藍色的）。樹脂對顏色的保護效果很好。今天在一些凹紋和石碑底部上還可以找到這種特殊的色料。

　　所以說，馬雅文化的遺產雖然壯闊得令人自歎人力的渺小，但它們的一切都確確實實是人力所為。而不是什麼自然力或超自然力的點化。

　　由此看來，馬雅人實在是一些勤勞、智慧的集體勞動者。單單一塊石碑的創生過程就需要多少人工的通力合作！何況光石碑就數以百計，而眾多的建築拔地而起，還需要多少石塊的有序組合！

　　現在，輪到我們為馬雅人這種愚公移山的精神而慨

歎了。當我們看到馬雅人將幾百、幾千噸的石頭方方正正地堆出樣子來，刻出花樣來時，實際上不應該感到驚奇。把這些東西同現代社會鱗次櫛比的摩天大樓、四通八達的交通網絡相比，實在是算不得什麼。只要有人，有閒暇，工具簡單一些也沒什麼關係。人這個奇妙的生物總會想出辦法來改變他生存的環境，留下人文的印跡。

馬雅人不辭辛勞地在地球表層搬運石塊的精神，無論是一階級對另一階級的剝削，還是成功的全體創造，都顯示了一個道理。人類不會讓自己內部的多餘勞動力和精神閒置。

雖然馬雅人一年只需勞作幾十天即可養活一家老小，但他們會情願或被迫地一年忙碌到尾，創造一些與他們的自我維持和自我複製無關的東西。雖然馬雅人中只需有一部分人種地、打獵即可維持所有人的生存，但他們偏偏讓所有人各有所務，忙碌不停，去做些與生物性的個體延續和種族延續不完全有關的事情。

06 馬雅人的餐桌上有什麼？

　　當我們看到馬雅人留下的那麼多廟壇、球場、觀測台，不禁會想像與我們一樣的同類生物是如何勝任這樣巨大的體腦勞動的，他們的飲食起居有沒有特別之處。最簡單地說，他們以什麼為生，吃什麼？回答是馬雅人

125

食物的 8 成是玉米，各式各樣的玉米。相應的，玉米種植也就幾乎是馬雅農業的全部。

除玉米以外，他們還學會栽培辣椒、番茄、菜豆、南瓜、葫蘆、甘薯、木薯等，作爲食物的補充來源，經濟作物有可可、菸草、棉花、龍舌蘭和藍靛草，他們還會在宅前屋後栽種各類果樹。

他們在現代的處境似乎並不好，因爲今天他們很少吃肉、蛋白質的主要來源是豆類。狩獵活動如今只是偶一爲之，但是在稠密的人口擠殺當地野生動物之前的古代馬雅世界，狩獵無疑是一項相當重要的營生。

他們獵取、誘捕的動物包括鹿、貘、西貓、野豬、野兔、犰狳、猴子、豚鼠、大蜥、野火雞、松雞、鵪鶉以及各種蛇。他們還會用釣線、漁網和弓箭多種辦法捕魚。

沿海居住的馬雅人還用叉子捕獲儒艮，也就是俗稱的美人魚。他們的裝備是長矛、弓箭，爲了對付飛鳥，他們還發明了一種吹箭筒。細管中裝有泥丸，用嘴猝然一吹，泥彈射出就能擊中目標，這種小巧的「無聲手槍」在林中悄悄地一一射殺鳥雀，不驚不擾，十分奏效。

　　他們還經常使用陷阱機關，這樣鹿肉或鼠肉就來到他們的盤中。馬雅人還採集黃蜂幼蟲、各種昆蟲、河蝸牛和一些陸生蝸牛。造物所賜的這些小禮物，也是相當鮮美可口的。

　　與大自然朝夕相處的馬雅先民，有著相當驚人的動植物知識。他們對各種野生植物的性狀瞭如指掌，例如基納坎特科斯部落人單單蘑菇一項，就採集十多個可食用的品種。他們會選用芫荽（香菜）等許多植物作調味品，會採摘野菜烹製別具風味的佳餚。對於野生植物的藥用性能以及在宗教儀式活動中致幻等神祕性能，馬雅人也是行家裡手。

　　馬雅人會飼養火雞和狗，其養蜂技術更值得一提。蜂箱是空心圓木，旁開小孔。蜂蜜成了馬雅人特製美酒的原料。他們還從一種樹皮裡提取「巴爾曲」，那是一種醉人致幻的宗教用酒。

　　酒為馬雅人生活帶來享受，菸也是他們自我滿足的法寶。現代社會對於吸菸有害的宣傳，正是反映了菸草對人的巨大魅力。馬雅人吸菸，騰雲駕霧；又嚼「生津口香糖」，像現代人那樣嚼個不停，自得其樂。這是馬

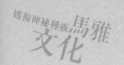

雅人找到的一種植物，在地裡幹農活兒或外出長途旅行時，他們就以此來緩解乾渴的感覺。這樣活著顯得很滋潤，不貪不婪又不負造化美意。視苦如甘，樂從中來。

玉米雖是粗糧，但也可粗糧細做。他們早就掌握了燒石灰的化學知識，所以，他們的玉米粒都是用 1% 石灰水加工處理過的，乾粒泡軟後再用手磨碎。玉米漿既可添水煮粥，也可以用燒紅的石頭烙成麵餅。玉米做的花樣非常之多，有時還加入辣椒和可可粉調味。馬雅人的玉米主食雖稱不上「不厭精」、「不厭細」，但也確實盡可能地加工得精細些，這是馬雅婦女日常工作的最首要內容。

馬雅人利用造化之賜，做出了許多重要的開發。比如說，他們從生活在一種仙人掌上的昆蟲裡，提取出紅色染料。這項技術的廣泛運用的意義，無疑可以在馬雅絢麗的壁畫中最直觀地感受到。關於馬雅人如何創造發明還有一個小小的例子，那是一個美麗而又富有哲理的傳說。

曾經有一天，伊扎王到野外採藥，突然被一種像劍一樣的植物刺傷了。他很生氣，就命人拚命地抽打這種植

物以洩胸頭無名怒火，不料卻抽打出了潔白堅韌的纖維。後來，馬雅人就用這種纖維製作繩索，派上了極大的用場。伊扎王從中感悟到什麼，他說：「生命的誕生總是伴隨著痛苦啊！」這種植物就是龍舌蘭（又名世紀樹），從中製成的堅韌繩索，乃是馬雅人一項至關重要的發明。

假如沒有這種繩索，那麼也就無法拖運巨大的石料，也就無法想像馬雅先民該如何創造那些高大的金字塔、觀天台、紀年碑等一切輝煌的文明業績。

龍舌蘭的美麗傳說恰好濃縮了馬雅人適應自然、利用造物、創造文明的艱辛歡樂的歷史。

07 馬雅人的養生絕學

　　馬雅人在天文曆法、建築和數學上的成就我們都已經有了很多的瞭解，但我們中的很多人可能對馬雅人在養生上的研究卻很陌生。

　　這個神奇的民族他們的生活中與宗教息息相關，但是，他們卻也將大量的時間花費在了照顧自己和身體上，可能他們也知道，神有時候也是很忙的，所以有些事還是得自己動腦筋。

　　馬雅人自稱是玉米人，玉米是他們的主食，他們培育出許多玉米品種，有的適於煮食，有的適於研磨。他們將玉米研磨得很細，他們認為這樣一來，自己要消耗這些玉米的能量就可能節省出來，便會有更多的能量用於石廟的修建上了。

　　這種觀點我們今日看來有些幼稚，但從養生學的角度來說，他們的觀點是非常正確的。他們將玉米這種粗糧細作，使得自身可以從食物中獲取更多的營養，並減輕了胃的負擔，減少了胃腸疾病的患病率。

　　健康對於當時他們醫療的發展水準來說是相當珍貴的，因為可能一個小小的發燒都可以要了他們的命。

　　他們喜歡將玉米的鬍鬚取下來用水煮沸飲用，與中國人喝茶的習慣一樣。現代醫學研究顯示，玉米鬚含有大量營養物質和藥用物質，如酒石酸、蘋果酸、苦味糖甘、多聚糖、β－穀固醇、豆固醇等。

　　玉米鬚有利尿作用，對於治療慢性腎炎，水腫，小便不利有很大的作用。玉米富含維生素C等，有長壽、美容作用。玉米胚尖所含的營養物質有增強人體新陳代謝、調整神經系統功能。能使皮膚細嫩光滑，抑制、延緩皺

紋產生。玉米有調中開胃及降血脂、降低血清膽固醇的功效。馬雅人不易患高血壓與他們主要食用玉米有關。

馬雅人對玉米的利用可說是達到了出神入化的地步，這可能也與他們認為玉米是神賜予他們的禮物，必須要尊敬的對待有關。哪怕玉米芯，玉米葉，在他們手裡都有很神奇用處。

玉米芯除了可能用作燃料外，在馬雅人眼裡，它還是很好的乾燥劑。美洲熱帶雨林中總是那麼的潮濕，無論是居住在石頭房裡的上層階層還是草木屋裡的普通馬雅人，都被這潮濕的氣候困擾著。

潮濕的環境很適合一些微生物的生長，為它們提供了很好的溫床，這使得馬雅人的食物不易長期保存，而將食物丟棄出去是對玉米神的大不敬，哪怕是已經腐敗的食物。

他們將玉米中間芯棒曬乾，磨碎。這些乾燥的粉末有很好的吸附作用，他們將這些粉末撒在房間的各個角落裡。即使是在雨季來臨的時候，他們的房間也不會像以前那麼的潮濕陰暗。這也使得馬雅人患關節炎的可能性大大地降低了。

他們將玉米的葉子同樣的曬乾，撕成一條一條的細條，再編織成蓆子，夏天的時候鋪在身下。玉米的葉子有一種自然的清香味，是活躍在熱帶雨林中的小昆蟲們很討厭的東西。這種蓆子，讓他們遠離了蚊蟲的困擾，也不至於睡在冰冷的地上或者石塊上，使得馬雅人的生活質量在很大程度上有了提高。

此外，他們還善於採集各種草藥。他們能分辨出哪種草藥可以抵禦蚊蟲的叮咬，哪種草藥可以將企圖鑽進他們草屋的爬行類動物驅趕出去，哪種草藥對於傷口的癒合有神奇的療效。

馬雅人的生活環境是艱苦的，濕熱的環境對他們的身體造成了很大的威脅，但是他們不屈服於命運，不向困難低頭，用自己的雙手，創造自己的幸福。這點，真的很令人敬佩。

08 娛樂活動與喪葬習俗

　　馬雅人主要的娛樂活動，是歌舞。運動軀體、轉弄喉舌，歌舞是所有民族的自發活動。男女都有各自的舞蹈，極少男女共舞。有一些戰爭舞，參加人數凡近800多人，雖然場面盛大，然而人多不亂，沒有一個人會邁錯步伐。

　　還有一種舞叫 colomeche，眾人圍成大圓，有二人隨著音樂聲步入圓心，他們手持一把蘆葦。先是一人跳舞，在舞的過程中始終保持手中蘆葦的豎直向上，與此同時，另一人採取蹲式，兩人始終不出圓心。然後，持蘆葦跳舞的人用力將蘆葦扔給對方，而另一人則以極高超的技巧，用一根小棍將蘆葦接住。扔接完成後，兩個人回到

原來位置，另外二人在音樂聲中登場。

舞蹈在馬雅人生活中太普遍了。而與其說它是一種自由消遣，不如說它是一種已經儀式化了的宗教活動。被文化了的人，已經服從於嚴密的群居生活的人，無法再像動物世界中那些獨立生活的朋友們那樣，自由地手舞足蹈了——從這個意義上說，20世紀的迪斯可多少為人類找回了隨心所欲手舞足蹈的樂趣。

宗教性的舞蹈一半是娛神，一半是癲狂。文化精神分析派學者將宗教儀式上的神舞解釋為一種暫時性的瘋病發作。那些在激烈的身體扭動中體驗到神靈附體的舞者經常會當場抽搐、顫慄，表現出一種極度的狂醉感。精神分析理論當然將其歸結為性釋放或力比多衝擊，而說到娛神，以舞取悅於神，當然也是取悅於人。觀賞性舞蹈肇始於斯吧。

總之，從自發性的活動肌體到有規劃的組織舞蹈，處處表現了文化為人類本能尋找種種代償性滿足和昇華的努力。在這個過程中，產生了各種集體性的參與舞和觀賞舞。人們從舞蹈中想到了人聲以外的其他樂聲，進一步推動了純音樂的發展和普及。

135

　　馬雅上層階級的死後安排相當精心。通常是先火化，然後將屍灰收藏在甕中入葬，葬所可能是各種規模的廟宇。以前人們把馬雅地區的金字塔當作單純進行祭祀活動的場所，後來考古學家發現了它們中有些至少還有別的用處。

　　這個發現有點偶然，本世紀初，法國人呂茲考察帕倫克古城一座金字塔。他在塔頂神廟裡發現地上的大石板有些異樣，板上幾個圓孔似乎顯示板下面掩蓋著什麼，於是他就領人撬開了這塊大石板，果然下面是一條被泥石堵塞的通道。他和 6 位助手花費 3 年辛苦，才挖通這條長 20 米、有 56 級台階的地下通道。通道盡頭是一堵石牆，牆下有些玉珠耳飾和項鏈，拆除石牆後，又找到一條通道，通道盡頭還是石牆。左側有個石甕，內中有 6 具年輕人的屍骨，呂茲判斷他們只是殉葬者，真正的大人物還在後面等待重見天日。

　　經細緻探察，發現牆上有塊三角形大石塊，極可能是一道門。撬開石塊，出現一間大墓室。墓頂上有塊 6 噸重的大石板，他們費了九牛二虎之力，用 4 個汽車千斤頂才慢慢把它移開。墓穴高 7 米、寬 4 米、深 9 米。

室內四壁淨是人像浮雕，似乎共同拱衛著室中央的巨型石槨。棺槨的蓋板竟然重達 40 噸，板上也刻有人像和圖案。

經專家研究石板上的象形文字，推斷它的製作時間是公元 7 世紀。墓主人隨葬品包括金玉冠冕、耳環、項鏈、手鐲和小偶像。最為奇妙的是他的臉部罩著青玉面具，由 200 多枚玉片拼成，眼窩處是寶石鑲嵌。如此隆重的葬禮規模及最後一層青玉面具的真正含義是死者將被如此安全保藏起來，為的是永生不滅，為的是不死的靈魂可以在不腐不敗永遠溫潤的玉石包裹中寄存。

有時，死者的屍灰被放在空心的雕像中，雕像當然盡可能與死者本人肖像。雕像後腦殼留有一個開口，這是填放屍灰的通道，用死者相同部位的頭皮來覆蓋。馬雅潘城的庫庫姆家族是統治者，他們通常把死者用火處理一下，燒到骨肉分離。頭後部鋸下，只留下前部，即臉部的骨架，然後用松脂捏塑出臉肉來，這個塑像和真人一樣，與前述木雕像性質相同，都作為家族偶像供奉起來，逢節受享，使人敬畏。馬雅人煞費苦心的做法，聽起來粗野，但他們的死亡觀念卻是富於情感的。

137

09 馬雅戰爭實錄

　　人類有史以來，就沒有停止過戰爭。在人口眾多的今天，由於武器的發展日益獨立於人類的操作，向高科技、高精度和自動化發展，戰爭對人的體能的要求減至最小，國家間武裝衝突也在世界文化交流、合流的作用下減到了較小程度。

　　馬雅人並非是傳說中那樣熱愛和平的民族，相反的，在公元 300 到 700 年的全盛期，毗鄰城邦的馬雅貴族一直在進行著爭權奪利的戰爭。馬雅人的戰爭像是一場恐怖的體育比賽：戰卒們用矛和棒作兵器，襲擊其他城市，

其目的是抓俘虜，並把他們交給己方祭司，作爲向神獻祭的禮品，這種祭祀正是馬雅社會崇拜神靈的標誌。

我們以馬雅人的「球賽」爲例。馬雅人在其和平發展的古典時期黃金時代裡，沒有外部威脅，也就並不需要尚勇尚武。10世紀以後頻繁的戰事，才促使他們感覺到「嗜血」的必要，才使他們非要用血與火的洗禮來保證民族的生存發展。受馬雅文化影響很大的阿茲特克人，有一絕妙的事例。他們甚至與鄰近部族專門締約，定期重開戰端，不爲別的，只爲了捕獲俘虜用作人祭的犧牲。這真是形同兒戲！但馬雅人的「兒戲」更加形式化，他們建造了許多「籃球場」，用球賽的勝負決定出人祭犧牲的對象。

一切的一切都是爲了民族生命力的強旺。於是『血』成了主題詞；『紅』成爲主色調。當歐洲人初次見到這些印第安人時，竟把他們看成了紅種人。雖說這些原屬蒙古種的黃皮膚們在美洲的土地上偏得了太陽神之賜，但他們之所以被看成紅種人，大概主要還是因爲他們爲自己身體塗上了紅顏料。那是血的象徵，對血紅生命力的渴望，應該成爲一個民族文化中合理的追求，只要不

139

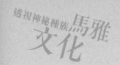

是追求血腥本身。

馬雅人的規則是要人死，攻擊性的調動是被迫的，但其強度也是可想而知的，我們再去回想馬雅球賽的那種嚴酷性，或許更爲有趣。

馬雅人以球賽的勝負決定人的死活，把生死攸關和你死我活的事盡量變成遊戲，而現代人卻千方百計想把遊戲變成性命交關的大事（用職業運動員制、高額獎金、薪水和家喻戶曉的明星地位）。

現代人的規則是在不死傷的情況下發洩攻擊性，同時坐收漁利者利用調動起來的生命力和代償性發洩攻擊性的願望牟利。兩類文化活動的表象都是假的戰爭，馬雅人調動它的手段和目的都是借神的名義，現代人調動它的手段和目的有時是爲了健身強體，有時是爲了不同群體間榮譽戰爭的得失，有時則純粹是爲了錢。從馬雅的球賽中我們看到，戰爭這種原始、本能的生物競爭方式在人類文化的文飾下可以成爲一種象徵。

從現代的球賽中我們看到，無論是出於什麼目的，生物性的對抗本能在文化中總能找到存在和表現的方式，文化的世故化總會爲它提供各種各樣精緻的象徵物。

人們在馬雅人的球場遺址多處發現有一些重約 20 噸的石刻頭像。其中有一個戴著一個頭盔。有人說這是首領或武士裝束的一部分，但也有人說這是球賽隊員為預防 5 斤重的橡膠球砸破腦袋而戴的保護用具，猶如橄欖球運動員的全身披掛。

據另一種說法，球賽往往是起一種安慰作用，也就是那些不用去做人祭的一方故意輸球給對方，讓對方象徵性地戰勝自己，然後走上神廟受死。真的，輸贏又何妨？假戰爭終歸是假戰爭。

對馬雅人而言，總是要有一批犧牲；對現代人來說，群體終歸達到了釋放積聚的社會攻擊性的目的，個體則在奮進中體驗了自己的生命，實現了自我。

馬雅社會曾相當繁榮。農民墾殖畦田、梯田和沼澤水田，生產的糧食能供養激增的人口。工匠以燧、石、骨角、貝殼製作藝術品，製作棉織品，雕刻石碑銘文，繪製陶器和壁畫。商品交易盛行，但自公元 7 世紀中期開始，馬雅社會衰落了。隨著政治聯姻情況的增多，除長子外的其他王室兄弟受到排擠。一些王子離開家園去尋找新的城市，其餘的人則留下來爭奪繼承權。這種「鬥

爭」由原來為祭祀而戰變成了爭奪珠寶、奢侈品、王權、美女……戰爭永無休止，生靈塗炭，貿易中斷，城毀鄉滅，最後只有10%的人倖存下來。

公元761年，杜斯彼拉斯城的王宮覆滅可視為馬雅社會衰落的一個起點。杜斯彼拉斯是方圓1500英里內的中心城邦。它遭到從鄰近托瑪瑞弟托城來的敵人的攻擊。一個裝有13個8歲至55歲的男人的頭顱的洞，證明該城被攻占時遭到了斬草除根的大屠殺。8天後（這些精確的細節被記錄在石板上），勝利者舉行了「終結典禮」，砸爛了王座、神廟和刻板。一些貴族逃到附近的阿瓜迪卡城——這是一個巨大裂縫環繞的天然要塞。他們在那裡苟延殘喘了40年，最後還是遭到敵人攻占，公元800年，阿瓜迪卡已是一座鬼城。

公元820年以後，馬雅人捨棄了這片千年間建立了無數城市的佩登雨林，再也沒有返回這片文明的發源地。馬雅文明的毀滅已成為歷史，但它提供的警示，值得人類永遠記取。

10 環境變遷，將馬雅人送入墳墓

中美洲地理環境是多樣的，在那裡，有聳立的頂峰上堆滿積雪的火山地帶，有不毛之地的沙漠，也有像瀑布般降雨的熱帶雨林，幾乎所有的生態環境在這裡都能找到。

而馬雅人生活的自然環境和整個中美洲比起來，算不上很複雜。雖然地處高地，卻沒有凍土地帶，沙漠也只有黑河上游和莫塔瓜河中游流域之間的狹小地帶。從地理環境上來說馬雅人的生活範圍，可以很明確的分為兩部分——高地（馬雅人居住的高地是指海拔 300 米以

143

上的地區）和低地。

　　從墨西哥的恰帕斯州東南部到中部美洲的南部，那裡由活火山和死火山蜿蜒相連，有的地方甚至超過了海拔 4000 米。

　　這些巨大的山脈，是在第三紀到第四紀更新時所噴發出的輕石等火山碎屑物質堆積而成。這些堆積物在數百米的土岩層之上，形成了一層薄薄的肥沃土壤。經過幾千年雨水的衝擊和侵蝕這裡變成了深不見底的峽谷，陡峭的山與山之間山浪此起彼伏，景色壯麗無比。

　　但是，峽谷之間也有比較廣闊的地帶，這促使了古代馬雅人位於今瓜地馬拉的瓜地馬拉城、克薩爾特南戈、墨西哥的科米坦等重要的城邦的形成。而且高地部分，也不完全是由地質學上的新時代所形成。

　　在更北邊的地方，是第三紀和白堊紀形成的石灰岩地帶。那裡是靠近低地的多濕地帶，獨特的侵蝕作用讓這裡形成了水墨畫一般的風景。

　　在馬雅人生活的高地，和新大陸赤道以北的其他熱帶雨林一樣，雨期通常在 5 月至 11 月初。不管是在高地還是低地，都同樣有兩個雨量最大的時期，6 月和 12 月。

有史以來，馬雅生活地區雨量最高記錄是在西班牙人征服前，有名的可可子栽培地墨西哥恰帕斯州到瓜地馬拉的太平洋沿側，墨西哥高地的年間降水量比整體歐洲北溫帶的降水量還高。

　　高地的動植物情況與當地地形及土質有著很大的聯繫。在高地的斜面上部松樹等草木類較多，而另一面濕度較高的峽谷地帶則多生長橡樹。在野生動物方面，高地和谷地相比則相對較少，這可能與高地上長期有人居住有關。

　　在農耕方面，馬雅高地的先祖們的耕種方法和低地的大相逕庭。不過有兩點卻是相同的，他們同樣將不要的草木都燒掉來開發耕地，並且同樣都有著休耕期。在高地上必須讓農田有休耕期是因為在海拔較高的地方，耕地的連續使用期限是 10 年，在隨後的 15 年中若不將耕地閒置的話，很難讓土地恢復肥沃。而在低地，則可以連續耕種 15 年，並只需要 5 年的休耕期便可。

　　在瓜地馬拉高地人口集中的地方，幾乎所有的可用土地都被作為耕地在使用。在那裡一年間能栽培出幾種玉米。先耕土，然後將發芽的種子撒種上的方法叫堆土

145

耕種。而在此期間對玉米田使用火耕法，並間種上大豆和南瓜等副作物，便可收穫顏色大小和味道都各不相同的各種玉米。總結來說，在高地上種相同的作物，沒有森林和雜草的困擾，受惠於肥沃的土壤，進行著和高密度人口相平衡的農耕活動。

雖然馬雅高地的人口密度更大，耕地條件也更好，但是對馬雅文明來說，最重要的卻是更北方的低地。在從瓜地馬拉城到蒂卡爾遺跡群的飛機上看，馬雅的低地比高地更為引人注目。

瓜地馬拉的佩登（Peten）和猶加敦半島是一塊巨大的石灰岩，它向西部和北部延伸，向墨西哥灣湛藍的海洋突出。沙洲狀綿延的東部海岸臨著加勒比海。石灰的岩盤經年累月地在加勒比海的衝擊下隆起。

在古代形成的低地南部，瓜地馬拉佩登省和貝里斯，這種隆起現象最為明顯，平地上到處都是岩溶地形，地理環境看起來十分險惡。

相對的，北部的猶加敦半島則十分平坦，從空中俯視是看起來很柔軟的大片綠地。但真正走上去的時候，你就會發現這裡到處都是石灰岩的洞穴。肉眼能看到的

唯一起伏是半島背面的普克丘陵，坎佩切州北部和猶加敦州西南部，它們共同形成了一個不滿 200 米的倒 V 形。

南側的馬雅高地和山嶽部不同，在馬雅的低地，除了西部和東南部，一年中也幾乎沒有水流過，很少看見廣袤的沖積平原。

大河烏蘇馬辛塔河以及它的支流，是這裡最重要的水系。從瓜地馬拉高地的北部到墨西哥恰帕斯州的拉坎頓密林，它如同一條生命線把馬雅的城邦遺跡連接起來並沿著蜿蜒的路徑向西北方流去，最後在墨西哥灣上堆積起黃色的泥土堆。

流向加勒比海的莫塔納河流經過了松樹和橡樹所覆蓋的丘陵地帶、只有仙人掌才能生存的沙漠、然後是熱帶雨林地帶，最後才注入加勒比海。除了烏蘇馬辛塔河和它的支流，這裡還有貝里斯河、紐河以及墨西哥與貝里斯交界處的翁多河。

馬雅低地的氣候十分炎熱。尤其是到了乾旱期將要結束的時候，這裡的炎熱更是讓人難以忍受。進入了 5 月就迎來了這裡的雨季，雨季將一直持續到 12 月，和其他的熱帶地方相比這裡的雨量不算太多。即使在佩登年

間的降雨量也不過在 180 毫米到 230 毫米之間，而猶加
敦半島的雨量就更少了。

在這裡，不會有太大的雨量，於此相對的，年間可
能發生極其嚴重的旱災。真正大量降雨的地方是佩登、
貝里斯的最南邊以及恰帕斯州的拉坎頓。之中雨量最大
的塔巴斯科平原，整個夏天大多數時間都被浸泡在水裡，
所以在西班牙人入侵之前，馬雅人會都避開在這裡居住。

在馬雅人生活的低地，特別是猶加敦半島，幾乎沒
有湖泊。在大多數地區，地表沒有水分是影響馬雅人生
活生產的一個極其重要的因素。

在瓜地馬拉北部的佩登地區，有一種窪地會在雨季
的時候形成較大的沼澤地，可是每當旱季來臨的時候，
這些窪地也會接二連三的乾涸。

在猶加敦半島，也有這樣會在雨季形成的窪地，不
過和佩登的窪地比起來小了許多。然而，當地馬雅人的
生活用水主要還是來自於這些窪地。

和南方比起來雨量較小的猶加敦半島北部，特別是
在沒有這種窪地的普克地區，用水問題相當嚴峻。地理
學家唐寧和美術家科瓦爾斯基認為，這裡的暗河離地表

有 65 米深，而居民的生活用水來源卻只有雨季時候填滿地表陷沒形成的窪地的水，如此少的水量根本無法滿足普克地區的用水需求。因此，那裡的古馬雅人挖了許多的壺形洞穴人為製造窪地，以便在雨季來臨的時候能盡量多地儲備旱季用水。

馬雅低地的南部受季風的影響，生長著茂密的森林。在密林中生長著超過 45 米高紅柳桉樹，是古代馬雅人重要的木材來源。同時，在森林中鱷梨樹等比較矮的樹木所結出的果實，也是古代馬雅人重要的食物來源。

但是，森林也不是常年都保持著綠色，到了乾旱時期，大多數樹木的樹葉都會掉落。真正的常綠雨林，只有在雨量更充足的地方才能看到。

在季風性的森林地帶，特別是佩登省和坎佩切州南部，沒有較高的樹木，一些較矮的樹木和雜草邊有了生存的空間，這裡能看到一望無垠的熱帶大草原。而這些大草原的成因，目前還有很多種說法，不過可以否定的是，這些大草原絕不是古代馬雅人過度耕種使土地疲憊而形成的。

相反，正是人們主動保持草原的原貌，而使它保持

149

至今。農民對此地敬而遠之，這裡是獵人們的天堂。定期的火燒所形成的灰燼使這裡雜草叢生，這也使得動物們更喜歡來到這裡生活，也使獵人們的狩獵變得更加容易。

在科特斯的軍隊征服了阿茲特克後，在他們進軍奇琴伊察的首都塔亞沙爾時途徑了這樣的大草原，他們驚訝的發現，那裡的鹿群在看到人的時候並不會躲閃。這也讓西班牙人完成了最容易的捕獵。

森林地帶北部的降水量，更是極端的少，這裡生長著長滿荊棘的低矮灌木林。再往北便是猶加敦半島的北部沿岸，那裡生長著耐旱性植物。

馬雅的低地是動物的寶庫，特別在猶加敦地區，有為數眾多的鹿和西貒。馬雅人將那裡稱為「鹿和火雞之地」。個頭不大，但卻很吵鬧的吼猴和蜘蛛猴很容易被捕獲，古代馬雅人十分喜歡牠們的肉。

這裡的鳥類也很豐富，有像孔雀一樣擁有美麗羽毛的火雞和刀嘴鳳冠雉等大型鳥類，也有鵪鶉一類的小型鳥類。身上布滿斑點，貓科動物中最大的美洲豹雖然極具危險性，但由於有光潤的皮，同時也作為祭祀時用，

所以馬雅人依然會不顧風險的捕獲牠們。

　　生活在水邊的貘，也常常被用於食用，而牠們的結實的皮則被馬雅人當做是製成戰士用的盾和鎧甲的材料。

　　這些是現在我們可以看到的當時馬雅人的生活環境，但是科學家分析，在馬雅人神祕消失的時候，當時的場景要比這糟糕得多，很有可能是環境的變遷，使得馬雅人的作物無法耕種或者糧食減產。

　　由於無計劃無休止的燒林開墾，當時的馬雅人周邊的土地都已經十分貧瘠，所以不得不離家更遠去開墾新的土地。大片的雨林被破壞，當雨季到來的時候，沒有植被可以抵禦洪水的衝擊，地面被洪水沖擊著，馬雅人的房屋無法抵擋住洪水的沖襲。最終馬雅人將自己推進了墳墓。

　　人們對於馬雅人的研究一直都沒有中斷過，這個神祕的種族留給我們的，是太多的驚歎和太多的疑惑。我們驚歎他們在當時那個時代高度發展的文明，迷惑於他們神祕的消失。我們在驚歎和迷惑的同時也要吸取馬雅人的教訓——珍惜大自然的饋贈，善待我們的地球。

　　人類手中擁有的核武器可以將我們賴以生存的地球

毀滅上百次，可是地球只有一個，我們找不到第二個地球來讓我們毀滅第二次。

當現今的人們嘲笑馬雅人愚昧的用活人和鮮血獻祭神靈的時候，可能將來的人們就會嘲笑現今的人們用武力和殺戮來換取自己的利益。

我們可以這樣試想一下，如果人類仍舊無休止的向自然索取，無節制透支地球的資源，可能不久的一天，我們也會遭遇自然的懲罰，失去了生活在地球的權利，突然的消失。過了很久很久，會有另外的生命出現在我們曾經生活過的土地上。他們面對我們留下的痕跡，也會產生類似於我們對於馬雅人一樣的疑惑。

MAYA CIVILIZATION

Chapter 4

破解馬雅

馬雅人有著豐富的史學和文學成就。

馬雅人用象形文字創作了成千上萬種書籍和石刻。

雖然只有八百多個字，卻記錄了幾千年前發生過的大小歷史。

01 馬雅文字的先驅者

　　當馬雅文明剛剛為世人發現的時候，人們對於馬雅人的智力水準有著不同的看法。

　　當時世人尚未深入研究馬雅文化，人們所知甚少，於是有人直覺認為馬雅人非常迷信，習慣將一切都歸結於宿命，全然依靠祭司向神祇求得指引。從他們凶殘地用人來祭祀並以此為樂看來，馬雅人應該是野蠻而愚昧的，尚未完全進化，因此他們所取得的研究成果一定也只是偶然的巧合。

但是隨著對馬雅文化的研究愈深，尤其在人們發現並破譯了一部分的馬雅象形文字之後，認為馬雅人屬於尚未完全進化物種的聲音就越來越小了。

文字的創造可以大致反映出該民族的文明程度。馬雅文字是美洲馬雅民族在公元前後創造的象形文字，這些象形文字大約在 5 世紀中葉時盛行於美洲大陸。馬雅人是美洲唯一留下文字記錄的民族，也就是馬雅文明的創造者。他們所創造的象形文字，是世界上最早的 5 種文字之一。

在蒂卡爾出土的第一塊記載著日期的石碑大約等於公元 292 年，當時馬雅文字剛剛創造出來，只流傳於貝登到蒂卡爾附近的小範圍地區，大約到了 5 世紀中葉，馬雅文字才普及到整個馬雅地區。當時的商業交易路線已經確立，馬雅文字就是循著這條路線傳播到各地。

無論如何，美洲三大文明之中，馬雅似乎是最進步的。印加族只會「結繩記事」，阿茲特克文字則更像是圖像的自行創作，並不懂得結合書寫符號。

如果說文字的發明和使用是一個文明高度發展的標誌，那麼馬雅人就是新大陸上最文明、最富智慧的民族

了。

　　16 世紀中葉，西班牙殖民主義者順著哥倫布的足跡踏上中美洲土地來到了馬雅部落，馬雅人委派通譯者佳覺，向西班牙第一任主教蘭達介紹自己的文明。

　　蘭達被馬雅典籍所記載的事情嚇壞了，他認為這是「魔鬼的勾當」，於是下令全部焚毀，並且將那些通曉魔鬼語言的祭司也全部燒死。歷經這番浩劫之後，馬雅民族一夜之間全部失去蹤影，他們留下的燦爛文化也隨之成了啞謎。

　　300 年後，年輕的美國外交官斯蒂文寫了一本《旅行紀實——中美加帕斯和猶加敦半島》激起了人們研究馬雅文化的熱潮。於是不少人開始致力於研究 16 世紀時期，遭到西班牙人迫害之後浩劫餘存的四部馬雅典籍和石碑、壁畫。

　　然而，馬雅文字實在太古怪太難懂了。數百年來，這四部像天書一樣的馬雅典籍，吸引著無數想要揭開馬雅神祕面紗的學者，可惜他們都只能望之興嘆。

　　直至第二次世界大戰以後，為了研究馬雅文化，美國和蘇聯都投入了大量的人力物力，甚至使用了當時最

先進的電腦。即使如此，據說也僅能辨識出其中的三分之一。

到了 20 世紀中葉，研究人員逐漸爲馬雅人塑造出一個雛形。他們發現這個集數學家、天文學家和祭司於一身，並相信哲理的民族，對於計算時間的流逝和觀察星相特別有成就。許多考古學家相信，那些正處於破譯過程之中的馬雅雕刻文字，一定與曆法、天文和宗教有關係。

一位俄國學者余里・羅索夫於 50 年代期間採用了一種全新的方式來研究馬雅文字，引起馬雅研究領域的大革命。羅索夫提出的觀點是：馬雅文字其實和古埃及、中國的文字一樣，是象形文字和聲音的合體。換句話說，馬雅的象形文字不僅代表了一個整體概念，每個字也都有其發音。

1966 年，有人根據已破解的馬雅文字，試譯基里瓜山頂上的一塊馬雅石碑。出乎意料的是，石碑上刻的竟是一部編年史。據透露，編年史中記載著發生於 9000 萬年前，甚至四萬萬年前的事情。

可是四萬萬年前，地球還處在中生代，根本沒有人

類生存過的證據啊。如此說來也就難怪那些歐洲的宗教狂熱者會認為通譯佳覺所介紹的馬雅文明是「魔鬼」了。

　　馬雅的文字是現今高科技都解不開的謎，他們的歷史甚至要上溯到四萬萬年以前。可見，他們絕不是一個落後的民族，他們的文化水準在當時的世界，也是首屈一指的。

159

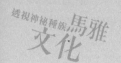
02 象形文字的發展

提起象形文字，我們最熟悉的當然是方塊字，它是華夏民族智慧的結晶，是老祖先們為了傳承而創造出來的記錄方式，也是世界上最早的文字。

象形文字來自於圖畫，老祖先將圖象簡化取其象徵，這是最原始的造字方法，但很容易受限，因為有些事物是畫不出來的。因此，漢字有了象形字的基礎後，增加了其他的造字方法，發展成表意文字。例如會意、指示、

形聲。然而，這些新的造字法，仍須建立在原有的象形文字上。也就是以象形文字作基礎，拼合或增刪象徵性符號而成。馬雅文字的發展也遵循著這個規則。

馬雅人是重視歷史的民族，他們記錄歷史的方式不是結繩記事，也不是口頭上代代相傳，他們需要一種長久有效的方式來記錄世世代代發生的一切，這個需要促使了象形文字的產生。他們使用獨特的象形文字——馬雅文來記錄歷史。但是由於西班牙殖民者對馬雅文化的迫害，馬雅文字古籍遭到焚毀，現存的馬雅象形文字多半是刻在石碑、廟宇、墓室的牆壁上，或是雕在玉器和貝殼上。

科潘遺址一座金字塔的台階上，就有2500多塊刻著象形文字的方石，這就是世界巨型銘刻之一「象形文字梯道」，石階上布滿了各種古怪而精美的象形文字。此外也有用毛髮製成的毛筆書寫在陶器上，或以榕樹的內層皮和鞣製過的鹿皮為紙進行書寫。沾取的顏料也是馬雅人自己製作的，包括白、紅、藍、黃、咖啡等幾種色彩。

目前發現的馬雅文約有270個符號，常用的有170幾個。其中雖有表示整個詞義的「意符」，但大多數符

號是只表聲音而沒有意義的「音符」。

音符分為：

一、元音的音素符號（V型）；

二、元音和輔音的音節符號（VC型）

三、輔音加元音或只表輔音的音節音素符號（CV或C型）

四、輔音加元音加輔音的音節符號（CVC型）

五、還有少數只有辨別功能的「定符」，也就是專有名詞。

馬雅文中，有些用字的規律與漢字不同：

一、漢字大多是開音節，而在馬雅文中有許多閉音節的字。也因此漢字讀音的數量少很多，古時候雖有一些以「m」結尾的字，例如「金」讀作「kim」，是以聲母「m」結尾的，但在現代漢語普通話中，已經沒有這類閉音節的字了（在方言中尚保留了這類語彙）。而在馬雅文字中，有許多閉音節的字（字素、字符），因此增加了馬雅字讀音的數量，這點是與漢語不同的。

漢字是單音節的字，而馬雅文字既有單音節，也有多音節。漢字一個字對應一個音，即使是外來的多音節

文字，例如葡萄、琉璃、盤尼西林，也是將每個音節對應一個單獨的字。我們在說葡萄、盤尼西林時，必須要連綴在一起使用才能表達。但在馬雅文字中，常常有多音節的字，他們用的是一個組合的圖畫來表示。

在馬雅文字中，人、神和動物，常常有全身的符號和頭部的符號兩種不同表示方法，這就類似我們有繁體字和簡體字兩種寫法一樣，只不過這種構字方式與漢字不同。當時的馬雅社會已出現了紙張和成書抄本，再加上玉器、陶器和日常用品中皆普遍有文字書寫的情況，可見象形文字儘管比較艱深，卻已成為馬雅社會中不可或缺的信息工具，它的複雜美麗與它的廣泛使用，都成為馬雅文化生活中的一大特色。這正是馬雅人對世界文明最偉大的貢獻之一。

馬雅符號的外形雖然很像小小的圖畫，但實際上的象徵作用早已喪失，馬雅文發展到最後成為一種音節文字。目前發現使用這種文字的馬雅銘文最早始於公元 328 年，一直應用到 16 世紀，期間長達 1500 年以上，最後因西班牙的入侵而終至遺忘。現存的 4 本抄本為：馬德里抄本、巴黎抄本、德雷斯頓抄本，格羅里那抄本。除

此之外還有不少石柱碑銘和古器物銘文。

二次世界大戰之後，馬雅文大量被譯讀出來，美洲自創的古文字重新放出光明。在西班牙占領期間，用西班牙字母記錄的馬雅傳說也有《先知集》等書被留傳下來。

當年由馬雅祭司負責祕密記錄並講授的內容，在外族強權的蠻力逼迫之下，成為永遠的祕密。當年馬雅人心目中神聖超凡的宗教，在今天的文化研究者眼中，正好成為解開馬雅文化之謎的關鍵鑰匙。

歷史既然是由這麼多偶然所組成，就算重新再發展一次，也未必是現在的格局。當年的祭司精心構建並維護馬雅文化的神，今天的研究者則費盡心機想抓住馬雅文化的魂。這些文化的製謎者和解謎者，誰能真正訴說這些歷史的偶然？

03 象形文字的構成

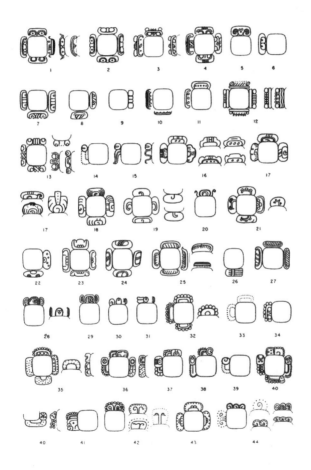

　　馬雅文字是象形文字和聲音的結合體，馬雅雕刻文
字既代表一個整體概念，又有各自獨特的發音。這就類

似日語中的漢字與假名，如馬雅文中的「盾」(bakalu) 既可以寫成一個表意的象形單字，也可以分成 3 個表音文字「ba」，「ka」，「lu」。馬雅象形文字的發展水準與中國的象形文字相當，只是符號的組合遠較漢字複雜，塊體近似圓形或橢圓。字符的線條也依隨圖形起伏變化、圓潤流暢。

馬雅文字字符中，較大的部分叫做主字，較小的部分叫做接字。字體有「幾何體」和「頭字體」兩種。另外還有將人、動物、神的圖案相結合組成的「全身體」，主要用於曆法。馬雅文字的讀法為，從上至下，兩行一組，以「左→右→（下一段）左→右」的順序讀。每個字都有四個音節，文字呈方塊圖形，類似於我們常用的印章。圖形上，一部分是意符，一部分是音符，屬「意音文字」。馬雅文字艱深晦澀，至今能譯解的不足三分之一。

它的體系十分奔放，無論是元輔音字母、時態變化還是主謂句式結構都很隨機。語言基本元素在整個句子中瘋狂地跳躍、擺動，整個結構幾乎沒有規則。語法按照太陽曆變動，太陽曆一共有 18 個月，換言之，還要將上述語法的混亂程度再乘以 18 倍。

　　馬雅文字是少數迄今爲止尙未獲得全部破譯的古代文字之一。象形文字主要記錄的是年代數字和紀事文字，目的不是爲了昭示戒律或歌功頌德，而是紀年。考古學家發現迄今爲止馬雅文明最早的紀年是公元 292 年，文字中含有固定的時間相隔，大約 56 ～ 64 年。馬雅文字裡寫的不是宗教，而是歷史。記錄下來的是皇族人員的誕生、統治、死亡及戰爭。

　　要識別馬雅文字，同爲使用象形文字的中國人可以從漢語文字的構成得到啓發。與印歐民族使用的拼音文字不同點在於，馬雅不是用字母來拼寫自己的文字，而是用不同的字符來代表文字的音節，故稱之爲音節文字。

　　象形字符與抽象字符的本源是來自象形，故而在馬雅文字中，一般刻在石頭上的馬雅字採用的大多爲象形文字（反映早期的文字），而書寫在抄本上的，則大多採用抽象的字符（反映後期的文字）。

04 象形文字梯道

　　馬雅人的象形文字記載了馬雅人的宗教神話、禱文、歷史、天文、曆法等。馬雅人利用樹皮、鹿皮寫下文字。而且象形文字在很多方面和我們的漢字也有著異曲同工之處。聰明的馬雅人也用毛髮製筆，用樹皮製紙，他們沒有墨水，不過有自製染料。

　　科潘是馬雅象形文字記載最多的地區，它的紀念碑和建築物上的象形文字符號書寫最美、刻製最精、字數最多，記載著重大事件的發生日期和科潘王朝的歷史。在科潘遺址中有一條梯道，用 2500 多塊加工過的方石砌

成，這是一座紀念性的建築物，梯道建在山坡上，直通山頂的祭壇，兩側各刻著一條花斑巨蟒，蟒尾在山丘頂部。梯道的每塊方磚上都刻著象形文字，每個象形文字四周均雕有花紋，它是馬雅象形文字最長的銘刻，也是世界少見的名貴文物之一，被稱爲「象形文字梯道」。

在這裡我們不得不說一下科潘這座城市在古代馬雅社會中的地位。科潘馬雅古跡遺址位於宏都拉斯西部邊境，遺址面積占地數十平方公里，1980 年入選《世界遺產名錄》。科潘屬於馬雅文明古典期（公元 250 至 900 年），爲馬雅文明最盛時期。金字塔式寺廟非常精美，台頂神殿有大量浮雕。科潘是馬雅文化的學術中心，不少建築遺址都與天文、曆法等學術活動有關。科潘馬雅遺址是馬雅文明最重要的地區之一，有著宏大的建築和豐富的象形文字，是極少數起源於熱帶叢林的文明。從這些建築看得出科潘的馬雅人有著高度發展的經濟和文化。

科潘除了是馬雅文化最發達的地區以外，其經濟與政治實力也遠遠超過其他城邦，僅次於蒂卡爾。若就文化上來看，則完全可以和蒂卡爾並肩而立，甚至有過之

而無不及。有學者認爲科潘所代表的重要意義絕不在蒂卡爾之下，它們如雙峰並立，是馬雅文明的兩座燈塔。確實，從考古發掘出的城市遺址來看，科潘在規模上可能略遜於蒂卡爾，但其美麗卻更勝之。據記載公元805年以後，馬雅人突然棄科潘城北遷，科潘城隨之變爲一片廢墟。就這樣，科潘古城留下的大量馬雅古象形文字，成了我們研究馬雅文化和馬雅人神祕消失的最好資料。

金字塔壇廟與象形文字的結合，清楚表明其宗教的性質。四部存世抄本上的象形文字，無疑也是以宗教爲主的用途。尤其值得注意的是，這種象形文字幾乎像是無中生有一般，從石頭縫裡蹦出來似的。我們只能看到它一貫成熟的文字符號，不像其他古老民族的文字，有著從簡到繁的發展軌跡。比如漢字達到目前的方塊形態之前，經歷過許多不成熟不確定甚至簡陋的形態，如甲骨文、金文以及半坡陶器上的刻畫紋。

戴維・迪林格指出：「馬雅文字，在被我們發現時已經非常成熟，因而可以推想，它必然有過一段我們至今仍無從知曉的進化過程。」

05 馬雅文化的苦難

　　西方人被馬雅人「驚世駭俗、離經叛道」的高深見識嚇得歇斯底里，就在他們口口聲聲指責馬雅經書爲「魔鬼勾當」時，自己才真的做了「魔鬼勾當」，而這回卻是馬雅人被他們的所作所爲嚇呆了。

　　也許是馬雅習俗中殘忍的人祭令歐洲人感到恐懼。1562 年，西班牙殖民者隨軍主教蘭達爲了徹底消滅馬雅人的信仰，藉著傳播上帝福音之名，在馬雅文化遭到摧殘 40 年後，再度野蠻地下令燒毀所有的馬雅文獻，以象

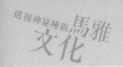

形文字記載下來的馬雅歷史、文化、科學、哲學從此全部成了灰燼。

更令人髮指的是，這位打著上帝旗幟的主教，把歐洲中世紀最可怕的火刑柱移入了「新大陸」。難以計數的馬雅祭司就這樣慘死在熊熊烈焰之中，只有他們才通曉的馬雅文明成就，至此飛灰煙滅。

蘭達主教的所作所為，比之中國背了 2000 年罵名的秦始皇「焚書坑儒」不知還惡劣多少倍。遭到燒毀的，是人類數千年以來在西半球最光彩奪目的文明火花。

成千冊的馬雅文化典籍被西班牙宗教狂熱者付之一炬，這種狹隘與偏執暴露了西方文化最不光彩的一面。當馬雅人好意將自己文化經典中的寶貴內容介紹給大洋彼岸的來客時，他們萬萬沒想到自以為聖明的天主教徒原來對基本常識的認知還非常膚淺。

馬雅經書中不僅記載著精確的曆法，還記載著不止一次的大洪水，人類的歷史可以上溯到洪水前數十萬年，這與《聖經·創世紀》中關於洪水的說法如出一轍。

馬雅人對行星運行軌道的深刻理解，遠勝過與上帝創世相關的地心說。

　　1600 年時，義大利哲學家布魯諾甚至被指爲宗教異端，燒死在羅馬繁花廣場，這也難怪 1562 年會出現這位燒毀馬雅經書的蘭達主教了。

　　劫後餘生的馬雅經文雖然少得可憐，但所幸沒有全數覆滅，如今人們還能有幸一睹古馬雅經卷的風采。倖存的馬雅經文有四部，分別根據收藏地點或發現者來命名：

　　《德雷斯頓手稿》：1739 年，由德雷斯頓王家圖書館從私人手中購得，其後輾轉易主的經歷想必很複雜。這部抄本直到 100 年後才公開面世，共 39 頁，各頁相連好似折疊的屏風。內容涉及預言、新年儀式、金星運行規律、日蝕週期表以及天神伊扎姆納的生活圖像等等。

　　《巴黎抄本》：1832 年被收藏在巴黎國家圖書館，此後一直默默無聞，直到 1859 年才被最早研究馬雅文化的學者之一奧・戴波尼注意到，1872 年首次公布。

　　《馬德里抄本》：曾經被分爲兩部，於 1888 年重組。

　　《格羅里那抄本》：僅餘 11 頁，這部手稿本來被收藏在美國紐約私人收藏館，直到 1973 年方由美國考古學家德・考爾公之於眾。

抄本，顧名思義，這些經書並不是馬雅最早文獻的原件，而是祭司們在數百年中陸續抄錄繪寫的複製品。馬雅人的紙張當然經不起 500 年的考驗，所以複製經文也是自然而然的事情。

考古不只能從紙張材質上鑒定歷史的遠近，也可從抄本上反映出馬雅人對古老觀念和傳統的虔誠。這幾部僅存的抄本，相較於曾經存在過的經書儘管只占了很小的比例，卻已經為我們窺望馬雅智慧開啟了一扇美妙的窗。

其中記錄了馬雅人農業生產和漁獵等經濟生活內容，也有關於社會各階層人民的生活制度、服裝、飾物的規定，關於婚喪喜慶時祭神儀典的記載，還有遷徙和建築動工的儀式活動，更有關於兒童教育以及社會管理制度，祭司、武士、工匠、商人、醫生、巫婆等社會人士的活動。

這還僅僅是我們今日能夠解讀的部分而已，可見得那些不為我們所知的馬雅智慧成就之高。在與馬雅文化相關的著作中，常常出現 esoteric 這樣的形容詞，表示馬雅人的宗教觀念、學問知識大都處於「祕傳」的狀態。

馬雅文化宏大精深，天書一般的象形文字本非外人
所能瞭解，其書寫與刻畫的繁複程度又豈是一般人有能
力學習的呢。

06 文字竟是奢侈品

從文化演進的角度來研究，馬雅文化的精妙絕倫，卻正是造成他們毀滅的重大原因。馬雅人陶醉在他們天書般美麗的文字之中，沒能早點開始發展簡樸的書寫方式——就像中國人、歐洲人那樣發展出更加貼近世俗生活需要的文字符號。於是，馬雅的精妙完美，終於成了

自己的障礙，以至於在西班牙迫害之下，被逼到山窮水盡的地步。

　　除了文字必須祕傳之外，馬雅人一切值得驕傲的知識都是祕傳的，只能由少數人掌握，由少數人傳承。這些人就是馬雅祭司。上層社會人士，比如貴族和祭司們，把他們的子弟送入隔離的祭司學校，學習那些祕傳的東西。在權貴家庭中，通常父親的權利和地位會由長子繼承，其他兒子同樣很小就會入學，經過祕傳成爲新一代祭司。

　　馬雅人的數學算術，從發明「零」符號到大型工程的建築設計，都由少數祭司掌握。高深精密的天文星象學，理所當然也是祭司們的專長。

　　他們的管轄範圍從與神靈對話，到制訂曆法、安排農事和其他一切社會生活都有，所以他們必須具備祕傳的通天本領。從現代人的角度來看，即便資訊更迭日新月異，高等教育越來越普及，但大部分人涉及的都只是社會常識而已，真正精深的學問還是屬於少數人的探究重點。

　　人類群體之中，必需有一部分成員具備探究形而上

議題的能力，這乃是文明進步的必要條件，他們甚至可以說是文明本身。馬雅人藉著貴族、祭司、平民、奴隸這樣的社會階級劃分，將少數人分別開來專職密授知識，達到那麼高深的文明，演奏出自己的樂章

　　然而，文明的悲劇埋下過太多種子，或許在人類坎坷的歷史上，曾經遭到扼殺的文明太多太多，因此早就遺忘早就蕩然，以致沒有絲毫的痛心追悔。好比覆蓋電腦檔案一般，抹滅曾經的遺跡而不自知。

　　世界上每天都有物種在悄然滅絕，這點早已引起生態學家的憂傷。世界文化演變融合而成現今幾大流派，不知其中有多少美妙的文明支系早已消逝。

　　以中國大陸為例，在遼西、內蒙草原上疊築圓形三重卵石祭壇的古文明群體，早已不知流落何方？而3000多年前熔塑出青銅人像的三星堆古蜀先民，藝術成就堪與希臘媲美，其血脈又如何與我們的民族性情融合？遠去了的故事，淡化了的特性，融合統一的感覺，使一切顯得自然而然。

　　但是，馬雅文明的凋零，卻是公元1500年之後的近代史而已，於是乎它成了引人關注、令人感懷的悲劇主

角。人們很快找到馬雅文化敗落的悲劇性原因：它直接受害於西班牙殖民者，也間接受害於文化機制上的「祕傳」體系。

　　馬雅人的「祕傳」體制大致分為四個群體。而且這些群體的內聚性很強，馬雅社會為了維護這種文化階級的分野，於是對各群體的血統、職責、規矩訂立明確的規定。保障位高者的權勢，杜絕位卑者的僭越。這四個群體是貴族、祭司、平民和奴隸。

　　貴族包括王，即真人，還有管理村鎮事務的村鎮首領，以及其餘較低階的頭目。他們雖然是由真人指定的，但基本上都來自世襲的貴族體系。almehenob 這個詞在馬雅語中的意思是「有父有母的人」，他們被認為是天生的領袖。

　　他們在真人面前接受問話，傳承象徵權柄的憑證之後，就返回各自的村鎮行使司法權和行政權。在戰爭期間，他們就是該村鎮戰鬥力的組織者，不僅身為總指揮，他們還要服從軍事首領。若是和平時期，他們就負責監督當地百姓的農事活動，並且逐年向真人進貢財物。

　　次一級的特權階層多半是鎮中長老，一般有 2 到 3

179

位。他們是顧問，參與決定地方政策。他們本身又是鎮中次一級行政單位的頭目，相當於執行者，除了協助首領的工作，也當他的助手和傳遞口諭。

鎮中長老的職責較多，既是首領與村民的橋梁，又是外交事務方面的顧問。他們還是公共議事廳的負責人，身兼村鎮中的首席歌唱家和舞蹈家，監督轄區所有的歌舞和道具。

祭司階層在血統上和貴族息息相關。祭司也可娶妻生子，而且子承父位。除此之外，貴族階層也經常有人轉而成爲祭司。

馬雅人規定，貴族長子繼承父位，幼子則可以選擇成爲祭司。所以，祭司們向王室成員授業時經常會在幼子中挑選，如果發現具有成爲祭司稟賦的小孩，就開始培養他當祭司。

祭司的地位雖不比首領高，但至少他們在馬雅社會裡的影響力不亞於貴族。貴族階層各級首領對祭司一向表現出相當程度的尊敬，定期都會向他們進貢。由於祭司手中掌握著馬雅文明的鑰匙，負責指導農事生產，占卜政事吉凶。所以真人經常向他們求教，祭司則盡可能

用他們的知識找出最佳答案。

說實話，馬雅城區中的建築，除了部分宮殿之外，大部分都是在祭司的掌握之中。祭司這個特權階層雖然游離於生產活動之外，卻直接掌握著社會命脈。

平民是指數量眾多的普通農業生產者。他們用血汗養活自己，並供養最高首領真人、地方首領，以及祭司階層。他們是那些宏偉的道場、金字塔神廟、大型柱廊、宮殿、高台等等的真正建造者，是他們採集並雕刻了大量巨石，構建出這些建築，是他們用石斧砍下無數大樹作為柴火，將石灰石燒製成灰漿所需的石灰，或將硬木加工成雕梁畫棟。他們是泥瓦匠、石匠，也是搬運工、建築工。

這些平民除了必須向真人進貢，向村、鎮長獻禮，還要透過祭司向神進獻。這些貢品加在一起，數量非常龐大。種類擴及他們能夠生產、製造、獵取、搜集到的一切。他們住在郊外，人數眾多，但卻必須為城裡少數的貴族和祭司承擔所有的勞作。

奴隸，處在社會最低層。奴隸制是馬雅後古典時期才產生的現象，但許多學者根據石碑、壁畫等資料，認

181

為無法排除從古典時期就有奴隸的解釋。

　　戰俘除了充做人祭以外，就經常淪為奴隸。在戰爭、人祭、苦役、買賣人口被視為正常的文化中，人們有很多理由草菅人命或濫用人力，這種情況下，奴隸的命運可想而知。

　　由此我們不難看出，文字對於馬雅人來說是上層人士才有資格接觸的高級知識，底層的勞動階層是不可能接觸得到的。上層的貴族也認為低賤的人不可以褻瀆神聖的文字，所以在馬雅社會中，想要讓文字普及幾乎是不可能的，這也是為什麼現在美洲僅存的馬雅人後代也無法理解那些古老文字的原因。

MAYA CIVILIZATION

Chapter 5

馬雅的**眾神**世界

　　神祕的馬雅文明給人最直觀的印象在於其無所不在的神靈。在這個神靈充斥、略顯擁擠的世界裡，竟依舊發展出那麼多充滿科學根據的偉大發明，真是件奇怪的事。可惜的是，跨海而至的歐洲文明世界，竟一葉障目，將智慧錯置為邪教，不懂得從這座寶山中發現寶藏，反而把人類的智慧毀掉。

　　馬雅人在天文、數學、曆法、編年、文字、藝術，以致於信仰諸方面的智慧結晶，盡皆被西班牙人污蔑為「魔鬼的勾當」。高傲的西方殖民強權在馬雅世界裡，才是真正犯下文明史上最惡劣的「魔鬼勾當」──種族滅絕和文化摧殘。

01 遭到文化滅絕之前的宗教景觀

　　神祕的馬雅文明給人最直接的印象在於其無所不在的神靈。而在馬雅智慧被滅絕之前，那片「眾神的世界」又是怎樣的景觀呢？讓我們來談談馬雅人宗教演進的歷史吧。

　　當初，馬雅宗教可能只是單純的崇拜，將左右他們日常生活的大自然力量人格化。太陽、月亮、雨水、閃電、

185

颶風、山川、森林、河流，在這些大自然力量的包圍之下，馬雅人發展出漁獵生活。

原始而簡單的自然崇拜並不需要什麼組織，也不需要祭司或祕傳的知識來闡釋，更無需什麼祭祀儀式和精心設計的儀典來實踐，當然也就不需要特定的地點來進行崇拜，比如廟宇之類。

每個家庭的主人理所當然就是這個家庭的「祭司」，神位就是緊挨在住處旁簡易搭建的臨時小茅屋。這種情形直到現代，還能在偏遠的馬雅部落中看到。

隨著農業從外部引進馬雅地區，農耕生活隨之興起，因而出現固定的居所和較多的閒暇時間。自此馬雅宗教開始逐漸形成一個體系，眾神的形象也越來越鮮明，肩負著向群眾詮釋並傳達神靈旨意的祭司也開始出現，隨之而來便需要建立更有威嚴的宗教場所，比如：聖地、廟宇。

宗教開始變成由少數人處理多數人的事務。定居生活演變出較為永久的儀式中心，且願意組織勞動人力，艱苦的耗費時間建築聖地，發展更加精緻的儀式。

就這樣過了幾千年，這段時間裡，馬雅宗教的變化

相對緩慢，各種各樣的神祇相繼發端，祭司集團開始成形，繁複的儀式和精緻的聖地（此時還不是石造建築）也逐漸確立。這段時期結束於公元前 353 年或 235 年，成果即是馬雅人先進的農業，進步的編年、曆法和精緻的象形文字。

　　曆法、編年和象形文字這三項由祭司發明出來的智慧產物，確實為馬雅宗教帶來了重大的轉折，使它越加複雜及形式化。在日益重要的天文現象，以及曆法編年的神祇圍繞之下，獨特的宗教哲學從此漸漸成型。

　　考古發掘工作證實自公元前 3 世紀即出現一個重大的轉折。從此以後直至史料較多的公元 9 世紀馬雅古典時期，馬雅宗教哲學並無重大變化。近千年都沒有改變的原因，也許是因為馬雅人把創造的潛能都宣洩到需要耗費大量人力物力的石造建築以及雕刻中了。這樣的發展無非是為了不斷重複論證及強調精神上的信仰。

　　到了公元 4 世紀，馬雅文化在宗教哲學上鮮明的特徵，已經被牢固地確立下來。在馬雅文明發源地的重要地區——佩騰湖畔，馬雅宗教儼然成為一種高度發達的「迷信」。它將日益人格化的自然力量和越來越成熟的

187

哲學相互融合成為基礎，天體被神格化，時間被拿來以罕見的各種形式加以崇拜。

這個大眾信奉的宗教，實際上是高度祕傳的，僅限由一個包括天文星象家、數學家、先知和精通儀典的祭司集團掌握及詮釋。隨著社會生活與宗教的複雜緊密連結，繼續衍生出世俗的力量參與詮釋和主持，產生巫師和國王共存的現象。

10世紀以降的後古典時期，政治與宗教的結合日見明顯，這或許也因為當時外來軍事侵略導致宗教間的衝突以及連帶的信仰變異——來自墨西哥中部的托爾特克人帶來了人祭和偶像崇拜等較殘忍的習俗。

根據古典時期各種雕刻上顯示的和平宗旨來看，幾乎沒有人祭的習慣，古典時期的馬雅宗教是莊嚴肅穆的，不太可能出現血腥冷酷的儀式。而且古典時期正處於馬雅文明黃金年代，無論在石雕、木雕或陶製品上，似乎也沒有廣泛使用偶像。

就文化發展上看來，宗教發展一旦成熟就很容易日漸步入抽象化，將重點擺在人的心靈。比如基督教就反對偶像崇拜，上帝無須經過世俗形象也能在人的內心生

根。在古中國先秦時期也正因爲不崇拜具體的神靈，才促進了諸子百家爭鳴的局面。

　　以 10 世紀爲轉折，馬雅宗教從此開始略失水準。除了繼續建造大型公共宗教建築和偶像之外，政治貴族、宗教祭司和富人家庭開始在自家設立小型祈禱場所和私人的偶像，以便自己私下禱告和獻祭。

　　他們的偶像實在太多了，連神祇都似乎不夠用，因爲他們幾乎把每一種動物或昆蟲都做成塑像。一位 17 世紀的西班牙傳教士在描寫佩騰湖畔最後一個獨立的馬雅城堡塔亞沙爾時寫道：「他們的神像，就像櫛比鱗次的街道房屋一樣多。」有人說馬雅偶像有 10 萬個以上，甚至有人說上百萬個。

　　這個數字或許未經證實，但也不必太過計較。幾乎所有遊歷過馬雅地區的人都同意當地偶像存在的數量真的很多。實際上，每個馬雅人，無論是貴族還是祭司，富人還是窮人，全都有自己崇拜的偶像。

　　在這一大群神靈之中，有許多偶像其實是祭司自己創造出來的，不妨說是祭司們欺騙人民的手段。他們利用馬雅平民辛勤種植玉米的血汗，換來整個龐大複雜的

189

政治、社會、宗教體系。

　　祭司們認爲人能夠活著是雨神恰克的恩賜，神若是發怒，人類也就要遭殃了。這套觀念風行於馬雅人的生活方式中，構成了馬雅人心目中的真實世界。

02 迷信的馬雅人

　　馬雅人篤信宗教，他們的文化生活充滿宗教色彩。
在馬雅人的社會文化和宗教結構中，統治者總是透過迷
信鞏固其王權。

　　馬雅人的主神是太陽神，於是他們告訴人民，國王
就是太陽神在凡間的代言人，永生不滅，所有臣民都是
神的旨意，必須世代受到統治。他們崇拜太陽神、雨神、
五穀神、死神、戰神、風神、玉米神等。太陽神位於諸
神之上，被尊爲上帝的化身。另外他們也行祖先崇拜，
相信靈魂不滅。

191

　　馬雅的宗教事務由國家兼管，首都即為宗教中心。他們的迷信，幾乎與天文、地理、數理、文化和智慧共同存在。早期人類對迷信深信不疑，迷信和其他生活常識同等重要。而自然知識也一樣對人們的生存至關重要，必須被認真遵守，並且代代相傳。

　　與天候相關的徵兆則總是介於迷信與科學之間。比如，燕子低飛有雨，高飛則放晴。玉米葉薄預示冬天較暖，葉厚預示寒冬。蟬的鳴叫能預報天氣，如果蟬很早就在樹稍高歌，人們就知道「今天天氣會很熱」。我們也聽人說過：蟬鳴天氣晴，雨天蟬不鳴；蟬在雨中叫，預報晴天到；蟬兒一鳴叫，雨季停得早；蟬鳴結束早，秋季轉涼早。馬雅人同樣也會靠蟬鳴來預測天氣，在馬雅人看來，蟬是最忠實的天氣預報員，一年一度燃燒麥田的時間就由牠們的叫聲決定。因為在燒田的時候，風向一不對，大火就會像食人的猛獸，可能會燒死農民。另外，如果用來引火燒田的木棍掉到地上還能繼續燃燒，那可真是一個好兆頭；如果木棍一直燃燒到尾端，那麼扔木棍的人一定會長命百歲。

　　此外，馬雅人也信仰數字。9是最吉利的數字，可

能是因爲通達天堂的台階正是 9 級，也可能因爲馬雅有
9 位地神。如果在週二發現一隻蜈蚣，一定要把牠切成 9
段，這樣就可以帶走壞運氣。如果見到綠色的蛇，人就
會在一年之內死亡，除非趕快抓住牠，並把蛇切成 9 段。
治療百日咳的方法是：在門廊裡掛上新鮮的葫蘆，連續
掛 9 天，並且在第 9 天早晨和朋友分食，這樣就可以除病。
9 粒穀物可以治療麥粒腫；皮膚病也可以用 9 片魚鱗 9 支
玉米加 9 個鵝卵石釀製的酒來治療。

　　另外 13 也是馬雅人心目中的吉祥數，可能起因於
13 在古馬雅曆法中所占有的重要地位，或是因爲馬雅有
13 位天神的關係。13 這個數字的使用，似乎僅限於宗教
慶典。每次慶典都要準備好 13 塊麵包、13 碗飯、13 個
13 層的蛋糕。大多數的馬雅迷信都是爲了驅除不祥，還
有更多的預示在他們心目中都是壞運氣的象徵，只有少
數是象徵吉祥的。可見馬雅人傳統上非常相信宿命論。

　　馬雅和中國一樣，都會依據動物的叫聲，反常的
狀態來判定天氣狀況，這其中確有人類觀察大自然的
經驗與智慧，即使在人類已有足夠技術掌握生態規律
的今天，都能夠理解並接受這些古老智慧。誰知這些

193

智慧結晶在過去，也曾被斥爲無物。同樣地，對於馬雅人留下的文字、算數、曆法、建築、天文等成就，我們稱許爲燦爛的文明；但對他們文化中的釋夢、釋兆、釋生死、釋命運的說法，我們卻僅以風俗習性觀點、甚至冠之以迷信來理解。當我們用這個時代的標準去衡量另一個民族對生活和大自然的理解時，不應帶著取笑心態，而是應虛懷若谷、設身處地去瞭解

　　在中美洲的熱帶叢林中靜躺了上千年、曾被謠傳爲是「外星語言」的馬雅古文字，經過幾代學者的辛勤努力，終於獲得破譯其中一部分。一個個神奇古怪又韻味十足的字符，就好像一把把開啓古代世界的鑰匙，引領著我們步入一個神王統治的遙遠過去。我們若要想更深一步的瞭解馬雅文明，就必須讀一讀這幾篇馬雅古文。這些譯出的古文依照所刻錄的物品名稱命名，如：雨神播種圖文、粥碗銘文、綠鳥鸚鵡王祭台銘文、陶碗銘文、帕倫克 96 字碑銘文、黑石城 3 號碑銘文、蒂卡爾 5 號祭台銘文、骨錐銘文、托土格羅木盒刻字和雅西曲朗 24 號門框刻字。

　　雨神播種圖文中記載：馬雅人以玉米爲主食，並自稱是「玉米人」。

　　每到耕種的季節，他們便從祭司處獲知降雨日期，以便播種玉米。這篇古文是《雨米播種圖》旁的一段配文。圖意是感謝雨神將甘霖降至人間，讓他們可以播種玉米，讓他們可以不用挨餓。他們歌頌神靈，歌頌上蒼賜予富足的生活，同時也祈求神靈一如既往的保佑他們。文中描寫當時馬雅人的勞動場景：他們用手拔去荒草，

用木棍掘出小坑，將玉米種子播種下去。這篇文章主要表達他們對雨神和玉米神的敬仰。

綠鳥鸚鵡王祭台銘文是寫在祭台上的文章，反應了當時馬雅人祭祀的過程。他們的國王登上人祭壇，在祭司的指引下，莊重的將貢品擺放到祭台上。他們虔誠地匍匐在神的腳下，執起石頭製成的利器割破身上的肌膚，懇請神靈收下他們卑微的鮮血。鮮血流出身體，他們認為這是神喜歡他們的貢品，只要神能聽到了他們的祈禱，這種喜悅就足以沖淡肉體的痛楚。

被用作貢品的活人抬上祭壇的時候，他們的情緒空前高漲。在他們看來，這是神最喜歡的禮物，是他們與神的交易。他們將生命供奉給神，神就會賜福給他們。

粥碗銘文上的篇幅相對較少，上面的文字大意和古中國銘文很像，都是吉祥祝福的話語。可見無論哪個民族對幸福安康都很嚮往。

餘下幾篇已被譯解的馬雅古文，內容也都與馬雅人的祭司、奉祖、日常生活、生產勞動和娛樂息息相關，這裡就不一一贅述了。

我們將馬雅文化與其他美洲文化相比較，希望在找

出馬雅文明偉大之處的同時，將馬雅人從神話傳說的主角還原爲新世界中現實存在過的民族。

　　馬雅人在物質文化、精神文化領域中的偉大成就，尤其是勝過古埃及、古巴比倫的天文學成就。他們刀耕火種的農業生產水準，以及那些充滿新石器特徵的工具，確實如他們留下的那些石城一樣，恢宏而且精美！

　　對馬雅知之愈深，我們就愈是熱衷那些不同於我們文化傳統的精妙。馬雅人的文化，他們的哲學，他們的世界觀、時間和空間、物理世界和超自然宇宙，都是連續的。也就是說他們把現實與非現實都看成一個整體的各個不同面向。馬雅人認定的「現實」包括了我們認爲「非現實」的部分。竟然有個民族發明了一個與我們自己的體系完全不同，但又似乎相同甚至更爲深奧的信仰體系，這真是一件非常困難的智慧工程！但他們做到了。

　　除了浪漫神奇的魅力之外，如果馬雅民族還有什麼值得我們關注的地方，就是複雜精緻的文化力量。比起淺薄的神祕感，它所能提供的是智力上更爲強勁的刺激。馬雅文明有其自身與眾不同的風格、體制、結構和發展史，它們自成一格，自足而圓滿。僅僅闡述馬雅文明這

項簡單的考察，也已經有助於改善我們對自己和其他文化的理解。

直到今天，我們對中美洲這個悠久燦爛的馬雅文明理解依然極為有限。儘管專家們已經把數萬座金字塔記錄在案，一百多個城市遺址已然出土，但是，對於這地形複雜、叢林深幽的幾十萬平方公里文化空間來說，可能還僅是淺井初嚐而已。即使是充分研究過的地點，人們的眼光總是過分專注於那些最宏大引人的所在。考古發掘專家和文化學者還有相當長的一段路要走。

在最終破解馬雅之謎前，它的浪漫與神奇還將陪伴著我們。甚至可以說，等到真正揭開它神祕的面紗之時，馬雅文化將可能向人們展示更加耀眼奪目、驚心動魄的人類智慧之光！

03 劫後餘生的馬雅手稿

　　馬雅手稿是前哥倫布時期馬雅文明的文獻，是以馬雅文字寫在脫毛榕木的內樹皮製成的紙上。這些手稿是由專業抄寫員在神明的任命下寫成的。

　　馬雅人於 5 世紀開始製造自己的紙張，羅馬人也是於同時代造紙，但馬雅人的紙張更爲耐用及適合書寫。

199

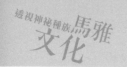

這些手稿一般都是以最後存放的城市來命名，留存下來的要以德雷斯頓手稿最為重要。

西班牙殖民者入侵馬雅之後，不僅在軍事上給馬雅人沉重的一擊；在文化上，也對他們進行了「粗暴」的同化，其一便是西班牙軍隊的隨軍主教蘭達策劃的「焚書坑儒」。

在 16 世紀西班牙征服猶加敦時期，就已經有很多馬雅手稿存在，但後來被西班牙征服者及祭司大量銷毀，而所有在猶加敦的文獻卻被蘭達主教於 1562 年 7 月下令全面銷毀。

這些文獻，加上一些石刻及碑刻，都是馬雅文明現存的主要書寫紀錄。不過，它們所記載的肯定較石刻或其他銘刻的更為廣泛。

於 1540 年有人指出在瓜地馬拉高原發現的文獻中，記載了馬雅超過 800 年的歷史。巴托洛梅・德・拉斯・卡薩斯發現了一些馬雅手稿，但卻正被僧侶燒燬。最後被破壞的文獻是於 1697 年在瓜地馬拉的塔亞沙爾被破壞。由於所受到的破壞，很多有關馬雅文明的重要資料都被抹殺了。現時只存有 3 份或是 4 份手稿碎片：德雷斯頓

手稿、馬德里手稿、巴黎手稿、和格羅里手稿。

德雷斯頓手稿現正存放在德國德雷斯頓圖書館內。它是有最詳細解釋的手稿，亦是非常重要的藝術作品。很多部分記載了各類儀式，其他則有關天文學。

這套手稿是一本有 39 頁長的書籍，每頁都是雙面記載。這有可能是在西班牙入侵前寫成，後來輾轉間到了歐洲，並於 1739 年由德雷斯頓圖書館所購下。它的複製品自 2007 年 10 月就在瓜地馬拉展覽。

金星週期是馬雅曆法很重要的一部分，而大部分有關資料都可以在德雷斯頓手稿中找到。馬雅人可以非常準確的計算金星週期，在德雷斯頓手稿中就有 6 頁來計算金星的位置。這種準確性是因超過很多世紀對金星的觀察而獲得。

金星週期如此重要，是因馬雅人相信它與戰爭有關，並擇日進行加冕或開戰，當金星上升時，就是開戰的時候。馬雅亦可能有觀察其他的天體，如火星、水星及木星。

馬德里手稿的手工雖然較差，卻是由 8 個抄寫員寫成，內容比德雷斯頓手稿更為多樣。它是由荷南・爾蒂

斯送回西班牙，而現正存放在馬德里的美洲博物館內。
它共有 112 頁，曾經分爲兩個獨立部分，並於 1888 年重
組。馬德里抄本是於蒂卡爾發現，那是 1697 年最後被征
服的馬雅城市。

　　1859 年戴羅斯尼在法國國家圖書館爐角發現了一籃
被遺忘的舊文獻，其中就有巴黎手稿，故巴黎手稿的狀
況較差。他是因在文獻上見到 Perez 一字，故將之命名爲
Codex Peresianus，但一般都稱呼爲巴黎手稿。巴黎手稿
內記述了盾及卡盾的預言，以及馬雅天文，集兩者製成
了方士祕錄。

　　巴黎手稿最先於 1832 年在巴黎法國國家圖書館出
現，3 年後倫巴底藝術家雅里奧（Agostino Aglio）爲金世
葆勳爵造了一個複本。這個複本的原稿已經遺失，只有
一些複印本留在芝加哥的紐波瑞圖書館。

　　前面三部手稿都是在 19 世紀發現的，而格羅里手稿
直到 1970 年代才在洞穴中被發現，是只有 11 頁的碎片，
現正存放在墨西哥的博物館內，並不公開展覽。每頁都
較其他手稿，並且都有一個向左望的英雄或神祇。每頁
最頂處有一個數字，而左排則有推測是日期的列表。

　　由於馬雅手稿較爲稀有及重要，故任何有關發現馬雅手稿的消息都備受關注。已知最古老的手稿都是在瓜地馬拉的瓦哈克通、基切的拉巴、貝里斯的阿頓哈及宏都拉斯的科潘發現，是用來殮葬的祭物。這些手稿可以追溯至古典時期早期及後期，以及後古典時期初期。

　　不過因爲壓力及濕度的改變，記載手稿的樹皮和紙張上的有機底層全被侵蝕，以至於手稿都無法開啓，或是非常細小的薄層，我們已看不到內容。

04 馬雅人眼中的宇宙

　　宇宙到底是什麼結構，科學家至今都還搞不清楚，一般聽到的解釋，大多是從物理學的角度分析而來。

　　從微觀的角度來講，我們知道物質最基本的微粒是分子，而分子是由不同元素的原子結合而成。比如：一個水分子就是由兩個氫原子和一個氧原子所組成。原子則是由原子核和圍繞原子核高速旋轉的電子組成的，而原子核是由質子和中子組成。但質子和中子是否可以再分，目前我們還不得而知。無數的分子組合在一起，就

成了肉眼看得見的物質。物質之中有生命力的，我們稱之爲生物組織。不管這個組織的結構如何，分析到最後都是由原子、分子所組成。一個生命體中包含著許多不同的物質，每一種物質的組成又包含著各種原子。自然界裡千千萬萬種物質的結構，都依循著同樣的原理。

現在我們再從宏觀的角度來看。太陽系是由一個發光發熱的巨大核反應體和圍繞著太陽旋轉的幾大行星所組成。太陽系中的行星，都是圍著太陽旋轉的，說到這裡不難發現，這種結構與原子的結構多麼相似！而整個銀河系的結構，更是正如我們所瞭解的其他物質一樣。如果我們再將視野放大，就算銀河系是某個巨型物質的一個分子或是一個組織細胞也很貼切。於是我們大膽假設，宇宙可能是個巨大的生命體，而我們這個星球以至於太陽系、銀河系，都只不過是這個巨大生命體的其中一個組織，只是某個細胞中的基本元素，也就像物質中的原子一樣。

地球屬於太陽系。太陽系很大，它由 8 顆行星構成，依次是水星、金星、地球、火星、木星、土星、天王星、海王星。（冥王星在 2006 年已被降爲矮行星）。如果按

星系生成的理論，八大行星的生成有其先後，最先生成的是水星，其後以此類推。水星離太陽很近，雖然名叫水星，其實連一滴水也沒有，這裡終年都是攝氏幾百度的高溫，即使曾經有水也早已蒸發光了，似乎不可能有生命。土星以外的行星又離太陽太遠，終年冰層覆蓋，氣溫也在零下幾百度，似乎亦不太可能存在生命。因此，太陽系裡除地球以外，如果曾經存在過生命，會是哪一顆星呢？

以上是現代科學解釋的宇宙結構。那麼，在馬雅人眼中的宇宙呢？馬雅神話認為世界經歷了數個時代，每個時代都是因為天災而結束，當今人類生存的時代亦將如此。起初世界處於黑暗之中，而後神創造了日月，用泥土造人。整個世界被分為十三重天與九重地獄，地獄依存在一隻巨鱷的背上。

「時間」是構成馬雅人宇宙觀的重要依據，他們認為時間就是神。然而人死後之事，不同地區的馬雅人則有不同的看法。猶加敦半島的奎克人認為，人類死後將會被下放到9層地獄，以無盡繁重的勞力來贖生前所犯的罪。拉堪頓人則相信人死後將永遠生活在地球上某個

無憂無慮的富足之處，只有窮凶極惡的人才會被神遣入地獄。

馬雅神話的眾多神靈中主要有雨神恰克及玉米神尤姆・卡克斯，還有蟾蜍形地母神、北方死神、身穿珠裙的南方女神、東方神庫庫爾坎和戰神等。最高神靈是天神伊特薩姆納，他是祭司的保護神，也是文字和科學的創造者。

各種祭祀活動必須擇吉日舉行，儀式隆重，獻祭者要先禁食禁慾。通常的禮儀是焚香、喝獻巴克（用蜂蜜與樹皮釀製的飲料）、耳舌放血、獻祭動物及獻舞。活人獻祭是到了後期才開始盛行起來。

祭司的職位世襲，居住在祭祀中心，分別掌管獻祭、解譯經書、占卜未來等。各地方皆有祭司學校，由高級祭司負責任教歷史、占卜及鑿刻文字等。當時馬雅宗教的體制、儀式與組織都已相當完備，並有著複雜的神學系統。宗教滲透整個社會與政治環境，從各種角度支配著馬雅文明。如此看來也就不難解釋為什麼馬雅人對世界的看法如此充滿神話色彩了。

207

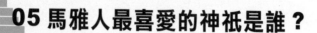

05 馬雅人最喜愛的神祇是誰？

　　在馬雅神話中，眾神之王柯穆‧卡門普斯，是一切神靈的創造者。祂有兩個得力助手：「怒神」勞和「智神」斯凱爾，兩位神祇均是各霸一方的眾神之長。

　　「怒神」勞居住在勞山頂的聖湖上，負責統理那裡的眾神。其中一位出類拔萃的是「大力神」拉克，祂擁有一雙無堅不摧、長而有力的巨臂，常年生活在深碧的

湖水之中，職責就是看守聖湖。祂一伸手就可以觸摸到聖湖四周聳立的山巖。只要祂願意，祂可以把任何一位膽敢窺視聖湖者拖入湖底，成為祂的點心。勞山諸神經常化身成為各種兇猛的野獸出湖遊玩。勞山北坡聖湖畔的巨谷附近，有一塊平坦開闊的原野，那裡經常是祂們遊玩嬉戲的地方。

「智神」斯凱爾則住在雅賽姆河谷附近，祂是克拉瑪特沼澤地王國的眾神之長，當祂的麾下眾神一離開泥沼來到陸地遊逛時，就會化身成為羚羊、駝鹿、狐狸、郊狼、禿鷹、山鷹和鴿子，多半是性情溫和的野獸。

多少年來，比鄰而居的勞和斯凱爾一直相處和睦，相安無事，也時常一起在勞山北坡的那塊原野上遊憩。有一次，祂們為了智慧與勇氣的取捨引發一場糾紛。眾神們爭吵不休，戰爭打得死去活來。許多年過去，依然難分勝負。經過無數次的戰役，智神斯凱爾和位於克拉瑪特的沼澤王國，終於無力抵禦勞神諸將居高臨下的攻擊，終於慘遭毀滅，斯凱爾被敵人挖出了心臟。

陶醉在勝利喜悅之中的勞及眾神決定在勞山舉行盛大宴會以及競技賽，邀請各路神靈前來慶賀，斯凱爾的

屬下眾神自然也在邀請之列。慶典當天，勞宣布競技活動的第一個項目是球賽，而那顆球就是從斯凱爾身上挖出的心臟。斯凱爾的屬下諸神們心裡都明白，只要將心臟放回首領的身軀之中，祂就可以死而復生。於是，祂們暗地裡商議，要把斯凱爾的心臟奪來，安放回祂的身軀裡去。

斯凱爾諸神藏身在山巒各處。駝鹿躲的地方離球賽現場最近，因為祂最拿手的是跳躍；羚羊站在林子邊，因為祂的腿長，跑得最快。其他各獸就守在離斯凱爾身軀不遠的地方。斯凱爾諸神布下陣法，占據了整個山坡。

此刻只見，勞和屬下諸神圍成一個大圈，把斯凱爾的心臟拋來踢去。每次祂們一拋起球，斯凱爾諸神就故意起哄，嘲弄正在比賽的勞諸神：「祢們就沒本事再拋得高一些嗎？」狐狸每次都這樣喊：「連小孩子都拋得比祢們高。」於是，勞諸神一次比一次拋得更高，斯凱爾諸神依舊不停起哄，挑釁祂們。最後，勞接到心球，使出渾身力氣往上拋去，誰也沒有祂扔得高、拋得遠。那顆心直飛到賽場的圈圈之外。躲在近處的駝鹿苦心等待的就是這個

時機！祂一把抓起斯凱爾的心臟，順著山坡往下衝。剎

時間，勞眾神全部大呼小叫地朝駝鹿奔離的方向追過去，但祂們哪裡追得上這頭以飛毛腿著稱的駝鹿呢？

駝鹿跑累了，把心臟轉交給等在林子邊的羚羊，羚羊接力往前衝。勞和眾神窮追不捨，羚羊再把心臟交給郊狼。郊狼再傳給禿鷹、禿鷹又交給了山鷹、山鷹又交給鴿子。鴿子帶著心臟降落在斯凱爾身軀停放的地方，將心臟安放在祂的身軀之中。於是斯凱爾復活了，並重新率領部屬繼續和勞開戰。

當輕揚的鴿鳴傳到勞以及眾神祇耳裡時，祂們立即停止追趕，返回山上的聖湖。斯凱爾率眾窮追不捨，戰爭再次重新啟動。廝殺之中，勞最後戰敗身亡。斯凱爾諸神把勞的屍體抬到湖邊高聳的巨石上。

為了斷絕勞死而復生的機會，斯凱爾命令諸神把勞的屍體剁成碎塊，然後扔給聖湖裡的拉克及其精靈，並騙祂們說：「看，這是斯凱爾的腳！」「這是斯凱爾的手！」屍體被一塊塊地扔進湖裡，讓拉克和精靈們飽餐了一頓。祂就這樣戰勝了對手，拯救了自己的命運。

拉克發現後大怒，但斯凱爾諸神得到大神柯穆·卡門普斯的幫助，平息了拉客的憤怒。此時勞諸神才終於

得知湖底那個頭顱就是祂們的領導者，此後就再也沒去動過祂了。如今祂還露在湖面上，後來的人們把那裡稱作柯爾東那島。

勞的靈魂到現在依舊存在那塊高大的岩石上注視著湖面。有時候，當地面和水中諸神都睡著了，勞才會跳入湖水中，盡情發洩自己的怒氣，拍擊湖水，掀起巨浪。狂風呼嘯中，似乎隱約總會聽到祂悲憤的聲音。

在馬雅神話中，玉米神即創世神。新就任的國王必須放血（自殘）才能與神明溝通，並把帶血的紙片燒盡，換來天降甘霖。除上述各神外，馬雅神話裡還有創世者、先知的金鈴、神女和灰熊、水神、海神、冬風神、森林變形神、駝鹿神、守護神、蛇神、青蛙神、神猴祖珂、雷鳥、侍神烏鴉、狐狸等等。

馬雅人心目中的美麗境界是一座天堂。主宰天堂的神叫作伊斯塔，祂是一個非常善良、公正無私且充滿愛心的神，在祂的主持下，天堂裡充滿歡樂，沒有疾病、沒有憂愁、沒有痛苦，只有吃不完的美食、寬敞的房屋、華麗的衣服。天堂萬般美好，人若是進了天堂就是來到

無處不美麗無所不幸福的境界。反之若是到了地下，就

是進入一個可怕的地獄。

　　馬雅人的哲學是：只要活著的時候做好事，死了就可以上天堂；反之就要下地獄，交由死神清算你在人世間所造的孽。祂們把地獄稱為米特納爾，由「死神」弘豪統治。祂會用各種非常殘酷的方式：飢餓、嚴寒、無休止的苦役和精神虐待來折磨罪人。

　　不管上天堂或下地獄，端看此人在世的作為。如此看來，馬雅人最喜愛的神祇應該就是天堂的主宰伊斯塔了。

06 靈魂歸處與來世學說

　　生命終歸一死，生生死死乃自然法則。但是該如何對待生死，卻是另一個層面的哲學問題，哲學這兩字其實並不如想像中那麼玄奧，那只是對萬物之本的關切。今日西方社會早已掀起一股「死亡教育」的熱潮，這並不是某些教育學家特意譁眾取寵，才將課堂搬到停屍間，

只是人類對死亡這個議題表示關切的又一實例。人一出生就意味著死亡，所有人都知道這是最後的終點。雖然從一開始就預知了結局，但我們對這個結局卻仍是如此地充滿恐懼。

馬雅人之所以在死亡這個議題上大做文章自有其道理。那個黑暗世界顯然也特別引起了他們的關注，甚至比我們對這項議題的關注還要多些。試想，現代文明為全人類帶來不夜的燈火，社會發達引領人群的喧囂，科學進步帶給人類相對安全感。

然而在此之前，那些生活在中美洲原始熱帶叢林裡的馬雅先民，對長夜的黑暗體驗是否更深，心中孤獨與無助的感受是否更切，是否為了趕走對黑暗與死亡的恐懼，才會對宗教迷信表現出更熱切的依賴？

丈量一下現世生活到死亡世界的距離，也許對馬雅人來說很近。叢林中有兇猛無比的美洲豹，馬雅人敬畏牠們，並且奉若神靈。導致糧荒的天候變化，或突如其來的蝗災，都會造就成批可憐的災民。

而那些高聳的巨石建築工程，每塊成噸的石料之下，都壓著無數血肉之軀的性命成本。更不用說那高高的祭

215

壇頂上總不時上演著血腥人牲獻祭。戰爭、疾病、衰老、難產、意外，馬雅人的生命旅程處處都是標示著死亡的站牌。

不管求生或是怕死，都屬於生命的本能。而人類這個物種，因爲具有智慧，於是連生死也不那麼簡單。人類首先要學會平衡主觀意識和客觀現實的情感衝突，學會面對死亡，並爲之提供一個「說法」。

馬雅人把死亡視爲人生的避風港，認爲生命將因死亡而再度揚帆起航。或者說，他們認爲死亡並非生命的終點，而是中繼站，代表的是走完一段旅程之後，轉搭另一班車的過程。

於是，他們認爲應該替步入「轉乘站」的生命過客提供許多「服務」：他們悉心包裹屍體，在亡者嘴裡塞滿玉米，以免亡靈在等候下一班車時挨餓。有時候還會在亡者嘴中填塞玉石，玉石是馬雅人心目中的珍貴物品，可令亡者免於貧困之苦，亡者可用來買車票。

馬雅人的墓穴裡還要放上神像，保佑亡者一路平安。至於亡者的身分證明也很重要，一切務必準備齊全。比如生前如果是位工匠，那就應當放進石斧以證明其職業

和技能。生前是位祭司，就放上書籍圖譜。生前是位法師，就放上法器。生前是獵人、漁夫，就放弓箭魚叉，因為亡者在來世還會需要用到那些裝備。

馬雅人對死神十分敬畏，這點我們從馬雅人塑造的死神的形象就看得出來。死神名叫阿‧普切，祂的外形比較可怕，骷髏頭、無肉的肋骨、多刺的脊柱。假如是披了外衣的形象，就用黑圈圈來代表腐爛。祂的頭頸繫著金質小鈴鐺，這點卻不知是何用意。

祂的名符有二：一是閉目的頭像，象徵死亡；另一個是沒有下顎的形象，以及用來殺牲的刀。祂是第九層地獄的主宰，一個十足的壞神。

祂總是與戰神、人牲的符號一同出現，或者與貓頭鷹同被認為是罪惡與凶兆的象徵。祂會在病人房前徘徊，目的是獵獲可憐的生命。一有機會，祂便毫不客氣地取走病人的靈魂。若是王者的靈魂則會被死神帶進黑暗的地域，承受無盡的酷刑。

馬雅人的神話故事提及世界上有十三層天堂和九層地域，如果靈魂想要重新轉世做人，那麼亡者的靈魂就必須經歷種種挑戰。等待轉世的靈魂，必須跟隨一隻能

在夜裡看見東西的狗，沿著恐怖而潮濕的道路前行。一路上靈魂必須接受種種挑戰和折磨，直到他們找到來世的路。

在馬雅人遺跡裡發現的14個岩洞中，有寺廟、柱子、人類遺骨和陶器，諸多場景都與生死有關。馬雅文化專家認為，這些岩洞反映了馬雅人對「廣闊時空」的理解。

現今在墨西哥的猶加敦半島，人們發現了一個地下迷宮，裡面到處是石建寺廟和金字塔。到底是馬雅人的傳奇故事激發古人修建出這樣的地下建築，還是這些地下建築催生出馬雅人的傳奇故事？誰知道呢！

07 一千個馬雅人，就有一千個偶像

　　人們需求的多樣性，造就五花八門的神靈。馬雅各種級別、各種法力的神靈多如牛毛，幾乎每一件事都有負責掌管的神靈。

　　當然，這個龐大的神族之中，最有力量、最常被人祈求的神靈並不太多，在多數崇拜儀式裡受人參拜的神祇大約只有十幾個，而其他神靈則僅限於在特殊場合，或為特殊需要時才會向祂們求助。

　　馬雅的「創世神」是胡納伯，但這位造物主對馬雅人來說無甚影響，也許是太遙遠、太抽象了的關係吧。馬雅人倒是對這位造物主的兒子──「造人的天神」伊扎

219

姆納特別崇拜，祂在僅存的幾部經卷中就出現過 103 次。

「天神」伊扎姆納似乎是位上了年紀的男性，沒有牙齒，臉色古銅，長著引人注目的羅馬式鼻梁，下顎間有鬍鬚。馬雅建築浮雕上經常見到祂的頭像，或者代表祂的日期符號（Ahau），藉此表示主宰。祂是 Ahau 這一天的保護神，Ahau 也是 20 日週期中最重要的 1 天。祂是晝夜的主宰，太陽神可能只是祂的其中一個化身。

祂除了是馬雅文字的發明者以外，也是猶加敦半島各地的命名者及劃分管轄區域的最高祭司。伊扎姆納還是曆法和編年法的發明者。

另外，由於祂常常必須應對災荒病害，故而也會以藥神的面目出現。總之，祂對待人類是非常友善的。祂是馬雅人心目中慈愛的父親，馬雅人需要祂在天上照看自己。

「雨神」恰克也頗受人景仰，祂是一位保護神，大約是後古典時期從墨西哥中部流傳過來的。祂的形象很特別，長著安徒生童話人物小木偶那樣的尖長鼻子，彎曲的尖獠牙一前一後凸出，頭飾是打結的箍帶。祂的名符是一隻眼睛，側邊一正一反的空心「T」形就是眼淚，

代表雨水豐饒。祂是風神、雷電神、豐產神、農業神。祂不僅代表著生長，甚至直接代表了玉米農田。

　　神話中從東南西北四個方向，紅黃黑白四個大缸裡取水行雨的善神，就是這位雨神恰克。祂隨時都備著這四個大缸來儲存雨水，管東方下雨的大缸是紅色的，管南方下雨的是黃色的，管西方下雨的是黑色的，管北方下雨的是白色的。

　　雨神行雨之時，絕不含糊，按照方位分別從不同的大缸中取水施雨。因為與馬雅人與農業生產息息相關，所以祂所受到的崇拜最多，現存經卷裡祂的名字就出現過218次。

　　「谷神」吁姆・卡盧，祂的形象年輕俊秀，通常用玉米作頭飾。祂是個勤儉的神，有時也代表森林之神。祂有不少敵人，這點或許起因於玉米總在生產季節期間遭遇自然災害的情況有關。

　　這位谷神頭飾有不少變體，祂出現的場合也千變萬化——和雨神在一起時象徵大地受到庇佑，而與死神同在時的爭鬥一定很激烈。

　　「死神」阿・普切，祂是冥界的主宰，代表了死亡

221

和懲戒。馬雅人對死神非常敬畏，敬祂可以對惡人施以懲罰，畏祂可以絲毫不費力的將靈魂抓去冥界。

北極星神夏曼‧艾克是一位好神。祂的鼻子形狀扁平，名符就是祂的頭像，頗似猴頭。祂被視為商旅的指南（實際是指北）。

「黑戰神」艾克‧曲瓦的形象正是黑色，祂的下唇肥而下垂，嘴唇外圈總是顯現紅棕色。祂的名符是畫著黑圈的眼睛，黑色所代表的自然就是戰爭。

祂有雙重性格：作為惡神時，手持利矛，總是在洪災和殘酷的戰鬥、獵俘活動中現身；作為好神時，就像個背負貨物遊走各地的商旅。

古代馬雅貿易行為或許就是以武裝販運的方式進行吧。戰神的相貌有時就像北極星，負責保護可可的種植。

08 與神靈之間的「利益交換」

　　人因為有所求，因此產生了神；人因為有所懼，因此抬高了神。

　　馬雅人的宗教信仰也同樣遵循這樣的規則，他們為了追求各式各樣世俗的願望，因而尋求超自然的幫助，這點從他們獻祭的方式就可以得到證明。他們的獻祭行為是為了討好神靈，帶有「利益交換」的意味。他們獻上食物、菸草、果子、蜂蜜、魚肉、羽毛、獸皮、貝雕、玉器、掛飾等等，有時也獻上活的動物，甚至活人血祭。

　　供品的選擇，往往與他們願望的緊迫程度有直接關係。若是為了治病療患、解決麻煩、打獵豐收之類的事，

223

那麼獻上一點食物、飾品也就夠了。若是爲了商請神靈關懷重要事件，如洪水、瘟疫、頻繁發生的蝗災、饑荒之類，那就不惜流血了。尤其是向雨神祈雨，更是非要以人牲獻祭不可。

西班牙人征服中美洲之後，親眼見到人祭的場景時非常驚恐。儘管西班牙人在戰爭中也會屠殺自己的同胞或是處死宗教異端，但自從公元 206 年迦太基人的統治時代結束之後，這種儀式在西班牙便不再流行了。人祭讓歐洲人找到最好的理由輕蔑馬雅人。即使到今日，我們對人祭這種儀式，依舊本能地感到厭惡，這種儀式可說是人類歷史上最血腥，最不可思議的事件之一。不過人類學家的研究證明，此種風俗的歷史相當久遠，也相當普遍，許多民族都風行過這種做法。《舊約聖經》裡就提過，猶太人曾經以這種儀式來取悅上帝，而且是拿親生長子作犧牲來表示最大的誠意，這個血腥的犧牲品後來被改以羔羊來替代。

從這些方面來看，我們或許不應該把血腥凶殘的惡名丟給馬雅人單獨承擔，而當平心靜氣地把這個過程視爲各民族共同必經的發展時期。

　　因應人神之間的「利益交換」，無論個人還是整個部落，都隨之發展出一套符合需求的儀式。通常每個儀式都要經過 6 個階段。

　　1. 先行齋戒節慾，主祭祭司和本人都必須暫時禁止性生活，這是精神上潔淨的象徵。

　　2. 預先透過祭司占卜來擇定吉日，馬雅觀念中每一日都有特定的神靈專門分管。

　　3. 先行驅逐參加儀式禮拜的人當中的邪惡精靈。

　　4. 對著神像焚香。

　　5. 祈禱，向神靈提出要求。

　　6. 獻祭。

　　獻祭時表示虔誠的做法當然少不了鮮血，必須用祭品流出的血塗在神靈偶像的臉上。塗血的惡習常常也導致祭司們污臭不堪，因為他們也會將血塗在自己身上，以致他們的頭髮糾結硬化，亂蓬蓬地像支噁心的臭拖把。

　　馬雅人的血腥儀式似乎可以分成兩種類型：一是自虐，一是行兇。自虐型的祭典必須在虔誠的氣氛中進行。除了將一般的供品奉獻給神靈之外，善男信女們必須把血液也奉獻出來。他們用石刀或動物骨頭、貝殼、荊棘

等鋒利尖銳的物品替自己放血,割破的部位因人而異並且遍及全身,有時是額頭、鼻子、嘴唇、耳朵,有時是脖子、胸口、手臂、大腿、小腿,直到腳背,甚至還割破陰部取血。藉由自我傷殘來敬神,就好像孩子以懲罰自己來表示對父親的服從一樣,而且「不勞大人動手」。

從馬雅人著名的《玉米神》神話故事描述,就不難看出各部族競相向神靈表示最大虔誠時,根深蒂固地認定比付出貢品更難的正是付出自己的血肉。就這樣,自虐的痛苦變成了他們心目中虔誠的象徵。他們對神靈這樣說:「尊貴的神吶,請聆聽我們的祈禱,明視我們的供奉吧!我們將這些微薄的貢品奉獻給您,雖不足以彌補我們的過失以及貧乏導致的疏忽,但這是我們飼養的動物之血,還有我們腳上厚繭之下的血。請收下我們的心意,用溫和諒解的目光瞧我們一眼吧……」當神靈滿意地答覆他們:「你們哭吧!為那些不信神的不幸人們哭吧!而你們將不會死去。」收到這樣的神諭之後,這個部族便得到理由掠殺其他部族。至於虐待其他「不信神」的人,也順裡成章地成了敬神的表現。

至於兇殺型的儀典,據說則是源於一個說法——如

果不用人的心臟持續不斷地供奉神祇，那麼這些神祇就會喪失保持現有宇宙秩序的能力。

　　殺人獻神活動，除了隱含教人服從、敬畏、認同等意義之外，主要是教人敢於戰鬥、敢於死亡，甚至還象徵性地讓人宣洩殺人的慾望，獲得替代的滿足。

　　但也有人替馬雅人的血腥冷酷作了辯護。他們發現馬雅在古典時期幾乎沒有人祭，那個時代雕刻藝品的溫和形象證明了當時和平的宗旨。人祭其實是到了後古典時期，由墨西哥入侵的托爾特克族所傳入的，於是從公元 10 世紀之後，原本莊重的馬雅信仰因此出現變化。

　　考古學也證明了這一點，10 世紀之前的馬雅宗教其實並沒有發生什麼變異，直到野蠻的征服者入侵後才產生了轉變，儘管後來征服者與原住民逐漸同化了，但宗教上的轉變已然成形。

　　16 世紀西班牙人的傳說故事同時也記載了這點。於是我們推論馬雅人在古典時期正處於四海昇平的黃金年代，因為天下太平沒有外部威脅，也就並不需要勇猛尚武。

　　直到 10 世紀後頻繁地發生戰事，才促使他們體會到

227

「嗜血」的必要，逼得他們非用血與火的洗禮來保證民族生存發展的空間不可。

受馬雅文化影響很大的阿茲特克人，甚至發展出一個絕妙的方法：他們與臨近部落締結條約，定期重開戰端。這麼做不為別的，就是為了捕獲俘虜用作人祭！馬雅人的作法更加形式化，有學者推測他們建造「球場」的目的是要利用球賽的勝負決定人祭犧牲的對象。

馬雅人以鮮血和生命來與神靈進行等價交換，這場交易公平嗎？顯然不是。如果他們信奉的神明真的存在，他們的祭品神明通通照單全收了，可是馬雅人真的從此得到庇護、坐擁幸福了嗎？大批奴隸和戰俘被抬上祭壇，背後代表的是青壯勞動力銳減。為了修建廟宇和祭祀的需要，只得永無休止的啟動戰爭。正可說是這種殘忍、血腥、毫無人道的祭祀方式，讓馬雅人將自己逼上了絕路。

09 國王難道是上天委派的使者？

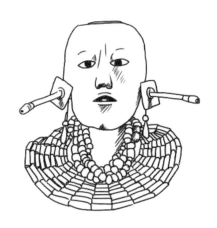

　　若要重現馬雅人的語言，專家們必須克服重重困難，其中之一是馬雅法典的缺失。千百年來，馬雅人製作了成千上萬本樹皮書。

　　16 世紀初，西班牙人征服中美洲，把馬雅人的書卷視為妖魔鬼怪而燒燬。馬雅人接近千年的知識積累和後人瞭解馬雅文明的關鍵線索由此灰飛煙滅。幸運的是，刻在石頭上的文字是燒不掉的；更為神奇的是，還好有四冊馬雅法典躲過了西班牙人的大火，它們是破譯馬雅文字和理解馬雅人對時間崇拜的關鍵。

229

　　馬雅城市周圍沒有城牆城堡，這讓早期的研究者相信馬雅人不僅創造了美洲早期最為先進的文明，而且是愛好和平的民族。然而在 1946 年，在墨西哥南部叢林中的馬雅博南帕克神殿廢墟裡，發現了一系列描繪折磨、戰爭和流血的壁畫。

　　不過直到 40 年之後，人們才普遍認識到，馬雅人之所以會對天上感興趣，只是為了方便在地上進行的戰爭、實施刑罰（拷打和活人獻祭）。在科潘的金星金字塔等遺址，當代科學家開始瞭解馬雅人望天的真正目的。

　　馬雅人的天文知識豐富得令人難以置信。在歐洲，像馬雅人那樣準確觀察天象，是在 1000 年後的伽利略時代才達到的。那麼，馬雅人望天的目的是什麼呢？對馬雅人來說，在天上游來游去的星星是他們的祖先，是他們的神靈，因此，馬雅人需要非常準確地跟隨它們，以便知道自己在地球上如何行事。

　　現在看來，天上的星星才是讓馬雅政權合法化的理由，其中的金星最令人注目，因為它是馬雅人在戰爭中的保護神。馬雅人把金星寫進法典，雕刻在科潘的石柱和石碑上，用它來為宗教儀式、活人獻祭和發動戰爭等

確定時間。對馬雅人來說，金星根本不是什麼「愛神星」，而是不折不扣的「血腥星」。

然而，如果說祭壇上面的人像不是愛好和平的天文學家兼祭司，那麼他們又是誰呢？在馬雅象形文字尚未被讀懂之前，人們以為那些浮雕中包含著大量有關行星、曆法的深奧信息，供祭司們閱讀、思考。

直到 1960 年前後，情況才發生了改變。當時，一名在美國哈佛一家博物館工作的女士發現，她能把那些銘文按時間分段，使之或多或少地符合人的壽命，其中包括十多個人的生日、登基日和去世日。後來證實，她的猜測完全正確。那麼，這些人是否正是修建宏偉廟宇和主持血腥儀式的國王呢？

經過 150 年的緩慢進展之後，破譯馬雅文字的工作終於取得巨大突破。在 20 世紀 70 年代，還只能認出其中 10% 的象形文字；而在 30 年之後，其中 80% 的文字都被解讀出來。

透過與馬雅後裔今天所使用的語言對照，我們明白了古馬雅象形文字的讀音和意思。於是，看著祭壇，他讀懂了上面實實在在描繪的 16 個人的故事。那些人像所

代表的人的確是馬雅國王，人像的下方則是他們的姓名。

例如，第16代國王的名字是雅帕燦約，意為「新近展現的天空」；第15代國王名為卡伊燦卡，意為「烈火是天神的力量」；第13代國王名叫瓦烏卡，意為「神的畫像是18隻兔子」；第11代國王名為卡烏燦，意為「火是蛇的嘴巴」；第7代國王名為巴哈勒，意為「猛虎鏡子」。

其中，有15個國王的人像下方是他們的姓名，只有第1個國王例外，這位國王的人像下方寫的不是人名，而是簡單的「君王」二字。

馬雅人完全的聽從國王的意志，因為他們相信國王的力量是神授予的，可是歷代國王的名字代表了什麼？在當時馬雅人的生活中又有什麼樣的意義呢？難道這是篤信宗教的馬雅人認為國王的名字代表的是神的又一層旨意？這是馬雅人留給我們的另一個謎團。

10 馬雅解夢，堪比周公

　　馬雅人雖然創造了令我們驚歎的成就，但是當他們面臨一些當時自己解釋不了的事情的時候，他們將這一切都歸因於鬼神。

　　馬雅是一個篤信宿命的民族，從現代人的角度看，迷信之為迷信，是因為這些事物的人為聯結不存在確實可證的相關關係，更談不上因果關係。然而，所謂「確

233

實可證」也不過是個受人類認識程度局限的概念。

　　在伽利略的自由落體定律提出之前，亞里士多德得自於日常觀察的理論聯結也從未受到過非議。在弗洛伊德聲稱幼兒有性意識之前，所有人都不假思索地認為小孩子是個無性體。

　　當然，在人類認識史上，最難認識的是人自身。物理世界、化學世界、甚至生物世界都在人類的刨根問底、解而再剖中逐步透露出種種「確實可證」的因果規律，可就是人自己的思想、感受、命運，生老病死、婚戀嫁娶，始終困擾著每個有幸來人世走一遭的人，卻還沒有個世所公認的「命運元素週期表」什麼的，讓人引以自豪。

　　這些個永恆的母題在標榜科技的今時已成為未來科學獎獲得者們的課題，等待著比手術刀、電極探針更先進的科技產品的切割。而與此同時，又已為廣大不知內情也不想知內情的人類大眾所不齒。哲學、心靈感受、美感、宗教，對大多人來說都成了與生活關係不大的東西，只有那些半瘋半癡的人才去想的問題。然而話又說回來，人們對夢、兆、死、運的關心和解釋卻從未真正消逝過，各種釋夢、釋兆、釋生死、釋運命的說法，不管是否「確

實可證」，始終在不同規模的人群中流傳。

馬雅人的迷信也集中在這些方面，比如說夢。特定的夢境或徵兆被認定是死亡的先導。如果一個人夢到自己遭受拔牙之類的劇痛，那麼他的一個近親就快死了；如果夢中的痛楚較輕，那麼將死的是他的一位遠親。夢到紅色的馬鈴薯預示著嬰兒的死亡，夢到黑牛衝進家裡或夢中摔碎水罐，都預示著家人的去世。

現代精神病學說，夢確實有預警徵兆的功用，現代醫學還發現夢是人體生理系統的警示器，不過，即便用這樣堂皇的「學術理由」也只能模糊地解釋夢中痛楚的預告作用，而紅色馬鈴薯、大黑牛還是太具馬雅地方色彩了，域外人是無法承認其普適的真理性的。

好比《百年孤寂》的魔幻現實主義，讓人無法置信，又引人入勝，有時覺得假如真的生在當時當地，信也就信了。

馬雅人是絕對的宿命論者，他們相信要來的遲早會來。老人們先知先覺地說他們的日子過完了，儘管無病無恙，他們還是躺在自己的吊床上靜靜地死去。

如果有人給木頭燃燒後的灰燼讓路，他的火雞就會

死掉。馬雅人相信，灌木叢中有一隻鹿王，兩隻鹿角間頂著一個蜂巢，如果有獵人射殺了這隻鹿，他立即就會死亡。馬雅人認為，如果火柴掉落地面仍能繼續燒，就是個好運的兆頭；假如火柴掉下後能一直燒完，那就表示讓火柴落地的人一定長壽。打獵人如果把打到的鹿的鹿頭、鹿肝或鹿肚賣掉，就必定會在日後遭厄運。由此還引申出一些詛咒他人的惡毒辦法，比如想害某個獵戶交厄運，只需向他買些鹿肉，再把骨頭扔進井裡。

迷信大多涉及人們最關心的事情，人們常常因為太想在這件事上交好運獲成功，而不願冒險違反一些很容易遵守的小原則。

這也是許多關乎人生大事的迷信經久而不衰的一個主要原因。誰也不願為檢驗這些原則的真偽而冒斷送自己人生幸福的險。婚姻迷信就是這類幾乎天然具有「顛撲不破」特質的一種。馬雅人選用的居然是房間裡最不起眼的掃帚。據稱，掃帚掃過男孩的腳會使他娶進個年老的妻子，掃帚掃過女孩的腳則會讓她嫁個老頭。可以想像，馬雅媽媽打掃房間時，一定不會有她那些大大小小的孩子在屋裡搗亂。

　　另外，還有一些一般的徵兆，彷彿中國老黃曆裡的「宜」與「不宜」。比如聽到黃鸝唱歌，看到蜻蜓飛進屋，貓咪洗臉，蝴蝶高飛，都表示有客來到。

　　馬雅曆中 20 天 1 個月，不同的日有吉日凶神之分。平常馬雅人看到紅眼睛的綠蛇、大得出奇或小得出奇的雞蛋，聽到貓頭鷹叫，都是凶兆。他們認為小妖怪會帶來疾病，為了防止染上傳染病，每家每戶門前放上些裝食物的葫蘆，家裡幾口人，門前就放幾個葫蘆，以祛病消災。

　　這些說道和中國民俗講眼皮跳預兆吉凶等說法有共通之處，很難排除人所受暗示的影響。

　　對於馬雅人留下的文字、數算、曆法、建築、天文等成就我們現在稱之為燦爛文明、早熟智慧；而對於他們留下的釋夢、釋兆、釋生死、釋命運的說法、做法，我們是以文化手段、甚至冠之以迷信來介紹的。當我們在用我們的真理標準、真知標準去衡量一個國王民族對生活、對自然的思考和解釋時，不應取笑，而應設身處地的同情理解。

永續圖書
線上購物網

www.foreverbooks.com.tw

◆ 加入會員即享活動及會員折扣。

◆ 每月均有優惠活動，期期不同。

◆ 新加入會員三天內訂購書籍不限本數金額，
即贈送精選書籍一本。（依網站標示為主）

專業圖書發行、書局經銷、圖書出版

永續圖書總代理：

五觀藝術出版社、培育文化、棋茵出版社、大拓文化、讀
品文化、雅典文化、知音人文化、手藝家出版社、璞申文
化、智學堂文化、語言鳥文化

活動期內，永續圖書將保留變更或終止該活動之權利及最終決定權。

i-smart

智學堂
智慧是學習的殿堂

★ 親愛的讀者您好，感謝您購買 ___透視神祕種族：___ 這本書！
___馬雅文化___

為了提供您更好的服務品質，請務必填寫回函資料後寄回，
我們將贈送您一本好書（隨機選贈）及生日當月購書優惠，
您的意見與建議是我們不斷進步的目標，智學堂文化再一次
感謝您的支持！
想知道更多更即時的訊息，請搜尋 "永續圖書粉絲團"

您也可以使用以下傳真電話或是掃描圖檔寄回本公司電子信箱，謝謝！

傳真電話：
（02）8647-3660

電子信箱：
yungjiuh@ms45.hinet.net

姓名：_____ ○先生 ○小姐　生日：_____　電話：_____

地址：_____

E-mail：_____

購買地點（店名）：_____　購買金額：_____

職　　業：○學生　○大眾傳播　○自由業　○資訊業　○金融業　○服務業　○教職
　　　　　○軍警　○製造業　○公職　○其他_____

教育程度：○高中以下（含高中）　○大學、專科　○研究所以上

您對本書的意見：☆內容　　　　○符合期待　○普通　○尚改進　○不符合期待
　　　　　　　　☆排版　　　　○符合期待　○普通　○尚改進　○不符合期待
　　　　　　　　☆文字閱讀　　○符合期待　○普通　○尚改進　○不符合期待
　　　　　　　　☆封面設計　　○符合期待　○普通　○尚改進　○不符合期待
　　　　　　　　☆印刷品質　　○符合期待　○普通　○尚改進　○不符合期待

您的寶貴建議：

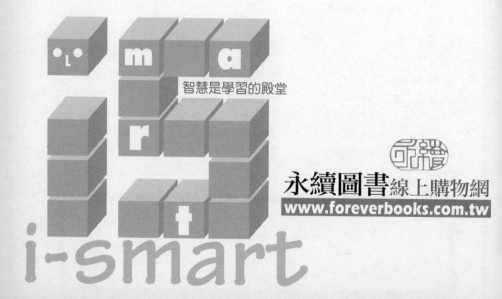